Benjamin Behnke, Kai Daniel Du und Antje Krause

TRICK 17

444 RAFFINIERTE ALLTAGSTIPPS

Lifehacks für alle Lebenslagen

Weltbild

Impressum

ISBN 978-3-7724-8580-0

Genehmigte Sonderausgabe für Weltbild GmbH & Co. KG,
Steinerne Furt 68-72, 86167 Augsburg

FOTOS:
Auf Seiten 4 bis 341: frechverlag GmbH, 70499 Stuttgart; lichtpunkt, Michael Ruder, Stuttgart.
Auf Seiten 342 bis 417: frechverlag GmbH, 70499 Stuttgart; istock/forgiss (Krepppapier), Fotolia/
Les Cunliffe (Leinen), Fotolia/Prill Mediendesign (Holzlatten hell), Fotolia/Africa Studio (Holzlatten mittelbraun), shutterstock/Triff (Holzplatte dunkel), Fotolia/taonga (Kork), Fotolia/A_Bruno
(Tafel), istock/MG1408 (Marmorplatte), istock/MLiberra (geknülltes Küchenpapier), shutterstock/
StevanZZ (Arbeitsplatte hell), Fotolia/macgyverhh (geknülltes Papier), Fotolia/Mara Zemgaliete,
lichtpunkt, Michael Ruder, Stuttgart (alle anderen)
Auf Seiten 420 bis 476: Fotolia: doris_bredow (S. 425u.), bidaya (S. 431), palladio7 (S. 444),
Wabner-Andrea (S. 457 u.), 5second (S. 458), Printems (S. 462), Stillfx (Stofftextur), Sondem
(Rasen), Leitner R (dunkle Bretterwand), vulcanus (Terrakottawand), Orlando Bellini (Erde);
Fotostudio Lichtpunkt, Michael Ruder (alle anderen)

ILLUSTRATIONEN: istock/Ming Lok Fung (Strichzeichnungen Küchenutensilien), Rosenrot –
Christine Gerlach und Charlotte Müller, www.rosenrot-berlin.blogspot.de (Kapitelaufmacher),
istock/Ming Lok Fung (Strichzeichnungen Gartengeräte, Insekten, Pflanzen); frechverlag (alle
anderen)

Verantwortlich für die Originalausgabe:
PRODUKTMANAGEMENT UND LEKTORAT: Monique Rahner
KORREKTORAT: Redaktionsbüro Uta Koßmagk, Wiesbaden
COVERGESTALTUNG: Konstanze Laue
LAYOUT: Katrin Lemmer, Katrin Röhlig
SATZ: FSM Premedia GmbH & Co. KG

DRUCK UND BINDUNG: GPS Group GmbH, Österreich

7. Auflage 2016

© 2016 frechverlag GmbH, Turbinenstraße 7, 70499 Stuttgart

Inhalt

Ostereier
färbt man mit
Zwiebeln, Roter
Beete oder Spinat.

Frühling und Garten

Salatherzen wiederbeleben

Stelle den Strunk von Salatherzen in eine Schale mit Wasser ans Fenster. Aus der Strunkmitte wächst nach drei Tagen frisches Gemüse nach.

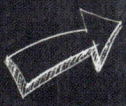

Damit es klappt, schneide den unteren Teil etwas großzügiger ab und wechsle täglich das Wasser.

Mit Farben bemalt, Deko-Klebeband oder Knöpfen beklebt ist der Klammertopf ein würdiger Ersatz für jeden Übertopf.

2 Hübsch geklammert

Schneide den Boden einer Plastikflasche ca. 2 cm hoch ab und bringe daran die Wäscheklammern an.

3 Anzucht-Töpfchen

In einem mit Blumenerde befüllten Eierkarton können Pflanzen für den Garten gezogen werden.

Mit beschrifteten Eisstielen kannst du die einzelnen Anzuchttöpfchen auseinanderhalten (siehe rechts).

4

AUFZUCHT-
MARKIERUNG

Gereinigte Eisstiele kannst du beschriften und in Blumentöpfe stecken. So weißt du immer, in welchem Blumentopf
welche Pflanzen ausgesät wurden.

Auch für Küchen-
kräuter im Balkon-
kasten geeignet.

⑤ OSTEREIER VERZIEREN

Vor dem Färben belege die Eier mit Kräutern oder Blättern und verpacke sie stramm in ein Stück Nylonstrumpfhose. Die Blätter hinterlassen dann dekorative Muster auf der Schale.

Ein kleines Gummiband vor und hinter dem Ei hält es im Strumpf in seiner Position.

6 Backofen-Eier

Zu Ostern oder für Frühstücksbuffets lassen sich Eier in großer Zahl im Backofen zubereiten. Einfach in ein Muffinblech legen und bei 160–180 °C für ca. 30 Minuten backen.

Das Eigelb wird cremiger und die Eier lassen sich leichter pellen – ausprobieren lohnt sich!

7 Ostereier färben

Eier kannst du in Pflanzensaft bunt färben. Koche Rote-Beete-Saft auf, gib die Eier dazu und koche sie 10 Minuten mit. Im Sud über Nacht abkühlen lassen. Für beste Ergebnisse verwende weiße Eier von freilaufenden Hühnern und putze sie vorher mit Essigwasser.

Für andere Farben 1 l Wasser mit Rotkohlblättern (1/2 Kopf; rot), Kurkuma (40 g; gelb), Spinat (300 g; grün) oder Zwiebelschalen (etwa eine Handvoll; braun) eine halbe Stunde kochen. Dann wie oben beschrieben fortfahren.

Spritzen und klecksen

8

Gesprenkelte Eier erhältst du, indem du eine alte Zahnbürste in Wasserfarbe eintauchst und dann mit dem Finger über die Borsten streichst.

Streiche zu dir hin und halte die Bürste Richtung Ei. Unterlagen helfen, die Sprenkel im Zaum zu halten.

9 Eierschalendeko

Die Eierschale von gefärbten Ostereiern kannst du verwenden, um weitere Eier mit einem Mosaik aus Eierschalen zu bekleben.

Verwende ausgeblasene Eier, dann hast du viele Jahre etwas von den kleinen Kunstwerken.

10 Das ist spitze!

Eintönige Blumentöpfe kannst du mit Spitzenborte
bekleben und so in stylische Unikate verwandeln.
Zum Bekleben eignet sich Holzleim oder Sekundenkleber.

Sieht auch
mit breiten
Geschenk-
bändern
hübsch aus.

11 Anzuchtstation

Schneide eine leere Klopapierrolle an einem Ende gleichmäßig ein und falte die entstandenen Laschen um. Gefüllt mit Erde, Watte oder Zeitungspapierschnipseln kannst du darin Pflanzen ziehen.

 Die Pflänzchen später mitsamt der Papprolle in einen Blumentopf oder im Garten einsetzen. Das Papier löst sich im Laufe der Zeit auf.

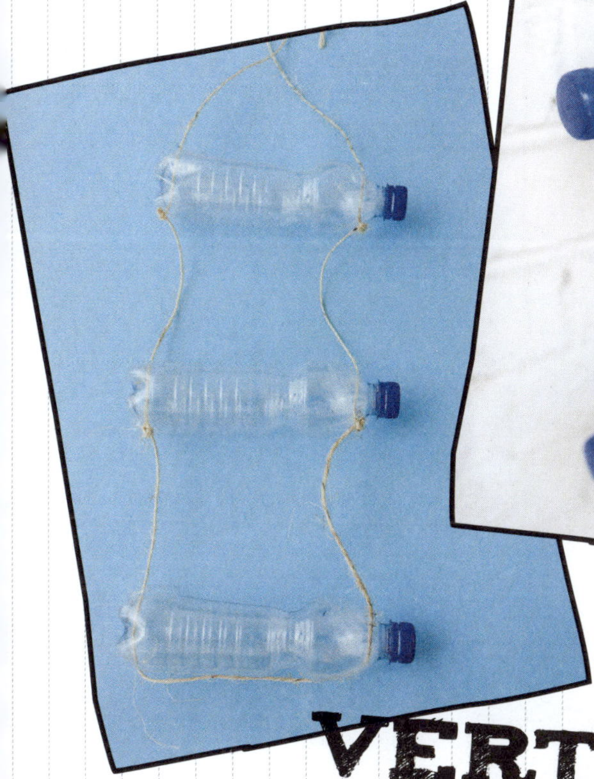

12 VERTIKALER GARTEN

Aus leeren Kunststoffflaschen und Bindfaden lässt sich im Fenster ein vertikaler Garten anlegen.

Die Öffnungen mit einem Cutter einschneiden, Löcher mit einem Metallspieß vorstechen und mit der Scherenspitze weiten. Damit die Flaschen nicht verrutschen, direkt darunter jeweils einen dicken Knoten in den Bindfaden machen.

Haushalt und Reinigen

Möchte man an einem kleinen Waschbecken Wasser in einen Eimer füllen, hilft ein Kehrblech, um das Wasser in den Eimer zu leiten.

13 Improvisierte Gießkanne

Aus einem leeren Kunststoffkanister kannst du eine einfache Gießkanne basteln, indem du den Deckel abschraubst und einige Löcher hineinbohrst.

Die Löcher lassen sich auch mit einer Rouladennadel hineinschmelzen, die über einer Kerze erwärmt wurde.

⑭ Klare Sicht

Zeit für den Frühjahrsputz: Die Fensterscheibe mit Reiniger einsprühen und mit einem zusammengeknüllten Blatt Zeitungspapier in kreisförmigen Bewegungen trocken polieren.

Bitte kein Hochglanz-Fotopapier aus Magazinen verwenden, es eignet sich nur klassisches Zeitungspapier für diesen Alltagstrick.

Das Säurebad desinfiziert den Duschkopf gründlich.

15 Duschkopf entkalken

Zum Reinigen des Duschkopfes stülpe einen Gefrierbeutel mit Essig oder Zitronensäure darüber und befestige ihn mit einem Gummiband. Über Nacht wirken lassen und anschließend mit Wasser abspülen.

16 Wasserflecken entfernen

Eine ausgepresste Zitronenhälfte kannst du verwenden, um Kalkflecken auf der Spüle oder auf Armaturen zu entfernen.

Wische noch einmal mit einem Küchentuch nach, um Fruchtfleischstücke zu entfernen.

 # ANGELAUFENES SILBER REINIGEN

Angelaufenes Silber lässt sich schnell und einfach reinigen, indem du es zusammen mit einem Stück Alufolie in eine gesättigte Salzlösung gibst. Nach wenigen Minuten strahlt das Silber wieder wie neu.

Im Gegensatz zum Polieren mit Polierpaste wird das oxidierte Silber nicht abgeschliffen, sondern chemisch wieder zu Silber umgewandelt.

Fusselrolle

18

Doppelseitiges Klebeband auf einer Farbrolle ist ein mächtiges Werkzeug zum großflächigen Entfernen von Fusseln und Haaren.

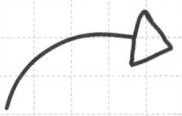

Tierhaare lassen sich auch mit einem Duschabzieher entfernen (siehe Seite 47).

Schwierig, wenn ein
eingeschweißter Dosen-
öffner gekauft wird. 😊

19 Hartfolien-Verpackungen öffnen

In Hartfolie eingeschweißte Gegenstände lassen
sich leicht mit einem Dosenöffner befreien.

MIXER REINIGEN

20

Ein paar Tropfen Spülmittel und etwas Wasser in den Mixer geben, aufmixen, ausspülen, sauber!

Bei Stabmixern funktioniert das Prinzip ebenfalls, wenn du Wasser und Spülmittel in einen Becher gibst.

21 ZAHNPASTA-WEISS

Mit Zahnpasta und Zahnbürste werden dreckige Gummisohlen an Schuhen wieder strahlend weiß.

Auch trübe Scheinwerfer bekommst du mit Zahnpasta wieder klar.

In der übrigen Zeit eignet sich der Karabiner als Schlüsselanhänger.

22

Tragekomfort

Mit einem breiten Karabinerhaken kannst du mehrere Plastiktüten auf einmal tragen, ohne dass sie in die Finger einschneiden.

Wiederfinden macht Freude!

23

Kleine Teile wiederfinden

Befestige einen Nylonstrumpf mit einem Gummiband am Ende des Staubsaugerrohres. So kannst du mühelos kleine Gegenstände unter dem Schrank oder Sofa hervorholen.

Frustfreie **24** Mülleimer

Bringe in etwa 4 cm Höhe einige Bohrungen am Mülleimer an. Das verhindert, dass sich der befüllte Müllbeutel beim Herausheben festsaugt.

Beim Wechseln der Müllbeutel die Rolle mit neuen Beuteln einfach zuerst in den Mülleimer legen. So sind diese immer sofort griffbereit.

Kanisterschippe

25

Aus einem Kunststoffkanister kannst du mit einem Teppichmesser eine kleine Schaufel schneiden.

Je nach Form des Kanisters kann die resultierende Schaufel anders aussehen. Solange ein Griff am Kanister ist, sollte aber auf jeden Fall eine Schaufel herauskommen.

26 Gut gezogen ist halb gedreht

Mit einem Stück Gewebeklebeband am Rand des Deckels eines Schraubglases kannst du das Glas leicht öffnen.

Wenn du das Glas nicht wieder verschließen musst, stich einfach ein Loch in den Deckel. Auch dies ermöglicht ein leichteres Öffnen.

27 Mief ade!

Einen müffelnden Spülschwamm mit Wasser durchfeuchten und für zwei Minuten in der Mikrowelle erhitzen. Nach dem Abkühlen riecht der Schwamm wie neu!

Wenn der Schwamm schon mal an Ort und Stelle ist: Am besten gleich die Mikrowelle ausputzen.

So lässt sich das Spülmittel flächig auf das Geschirr aufbringen und du benötigst weniger von der Porzellanseife.

28 Spülpistole

Eine Sprühflasche mit einem Teil Spülmittel und neun Teilen Wasser füllen.

29
Scharfe Sachen

Nassrasiererklingen kannst du schärfen, indem du sie entgegen der Rasierrichtung über ein Stück Jeansstoff ziehst. Übe leichten Druck aus und ziehe ein paar Mal von unten nach oben, dann von oben nach unten.

Besser nicht an der Lieblings-jeans ausprobieren.

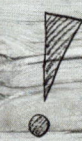

Teleskopstangen gibt es in vielen Längen. Sie lassen sich bei Bedarf auch wieder spurlos entfernen.

30

SPRÜHFLASCHEN-HALTER

An einer Garderoben- oder Duschvorhang-stange im Spülunterschrank kannst du Sprüh-flaschen einhängen.

Der Trick funktioniert auch mit anderen Arten von Seife, wie Duschgel oder Shampoo.

31

Un(be)schlagbar

Trage eine dünne Schicht Rasierschaum auf den Spiegel auf und putze diese mit Küchenkrepp gründlich ab. Danach bildet sich beim Duschen oder Baden keine Nebelschicht mehr.

Wasserschaufel

Auch an einem kleinen Waschbecken lässt sich mit diesem Trick Wasser in einen Eimer füllen: Das Wasser einfach mit einer sauberen Kehrschaufel in den Eimer leiten.

Achte beim Kauf deiner Kehrschaufel auf die Griffform. Nur wenn die Oberseite eine Rinne bildet, ist der Griff für diesen Lifehack geeignet.

ORANGEN-ESSIG-REINIGER

33

Lass Orangenschalen zusammen mit Essig für zwei Wochen in einem verschlossenen Schraubglas ziehen. Anschließend in eine Sprühflasche umfüllen – fertig ist ein ungiftiges und gut duftendes Reinigungsmittel.

Damit lassen sich beispielsweise müffelnde Kühlschränke oder Oberflächen im Bad reinigen.

34 Alufolien-Schwamm

Zusammengeknüllte Aluminium-Folie eignet sich hervorragend als improvisierter Reinigungsschwamm für hartnäckige Verkrustungen.

Nicht geeignet für beschichtete Töpfe und Pfannen!

Sauberes Holzbrett

35

Halbiere eine Zitrone und reibe mit einer der Hälften und grobem Salz gründlich auf dem Holzbrett umher. Anschließend kurz mit heißem Wasser abspülen – sauber ist das Brett.

Holzbretter oder Kochlöffel nie über längere Zeit in Wasser einweichen, da das Holz sonst aufquillt und sich verformt.

Schneller ③⑥ trocknen

Gib ein trockenes, sauberes Handtuch zur feuchten Wäsche in den Trockner. Das Tuch saugt die Feuchtigkeit auf und beschleunigt insgesamt die Trocknung.

Ein schnellerer Trocknungsvorgang spart Geld und schont gleichzeitig Kleidung und Umwelt.

TEPPICHBREMSE

37

Haushalt & Reinigen

Nutze selbstklebendes Klettband, um die Ecke des Teppichs zu befestigen, die immer wieder umklappt.

Der Klettverschluss ermöglicht es dir, unter dem Teppich zu putzen.

38 Mopp-Pantoffeln

Befestige Stücke von einem Wischmopp unter deinen Hausschuhen. So putzt du beim Herumlaufen den Boden.

Du kann die Moppstücke auch an dicke Freizeit-socken nähen.

39 BLITZEBLANKER BILDSCHIRM

Verwende einen Teefilter zum Staubwischen.

So hast du immer klare Sicht auf Fernseher oder Computer-Monitor.

Haare und Fusseln lassen sich auch mit einer selbstgebauten Fusselrolle entfernen (siehe Seite 25).

40 Tierhaare entfernen

Ein Gummiabzieher eignet sich nicht nur zum Reinigen von Fenstern oder Duschkabinen, sondern entfernt auch zuverlässig Tierhaare von Polstermöbeln und Teppichen.

41 SAUBERERE MÜLLTONNE

Eine alte Zeitung am Boden des Mülleimers oder
der Mülltonne saugt entstehende Flüssigkeiten
auf und erleichtert die Reinigung.

Bestreut man die Zeitung zusätzlich
mit etwas Natron, werden unangeneh-
me Gerüche eingeschränkt.

42 Mikrowellen-reinigung

Bei hartnäckigen Verkrustungen kannst du das Verfahren mehrfach wiederholen.

Bevor du den Innenraum der Mikrowelle putzt, erhitze ein Schälchen mit Wasser für zwei bis drei Minuten darin. Der Dampf weicht angetrocknete Reste auf.

43 Antistatik

Eine zusammengerollte Kugel Aluminiumfolie im Wäschetrockner
verhindert, dass sich synthetische Wäsche statisch auflädt.

Du kannst auch einen Tennisball
fest mit Alufolie umwickeln.

44
Luftenträucherung

Wirble ein feuchtes Handtuch in einem Zimmer, in dem geraucht wurde, um die Luft aufzufrischen.

Ein Tropfen ätherisches Öl auf dem Handtuch sorgt für zusätzliche Frische.

Sollte der Schwamm doch mal müffeln, stecke ihn in die Mikrowelle (siehe Seite 34).

45
Vertikale Keimflucht

Klemme einen Spülschwamm hochkant in eine Vielzweckklammer.
Er trocknet schneller und bietet Keimen weniger Angriffsfläche.

Blitzeblank 46

Gelingt auch mit Reiniger für Zahnersatz.

Um eine schmale Glasvase zu reinigen, gib Backpulver hinein und fülle sie mit heißem Wasser auf. Über Nacht stehen lassen und gründlich ausspülen.

47 Dosenhänger

Hänge den Aufreißring einer Getränkedose über den Haken eines Kleiderbügels. Dort kannst du einen weiteren Kleiderbügel einhängen und so mehr Kleidungsstücke im Schrank unterbringen.

Nach unten verlängerbar: Einfach in den unteren Kleiderbügel wieder einen Ring und einen Haken hängen.

Ist die Schublade nicht voll, stelle von der Seite etwas gegen den Stapel, damit er nicht umfällt.

48 Aufgeräumte Schubladen

Staple deine Kleidung hochkant in eine Schublade.
So kannst du jedes Kleidungsstück herausnehmen,
ohne alles neu stapeln zu müssen.

Schuhe 49 aufhängen

Eine Kleiderhakenleiste auf Fußhöhe kann für Schuhe verwendet werden.

Der Boden bleibt frei und sauber und die Schuhe sind ordentlich verwahrt.

KLAMOTTEN 50
AUSSORTIEREN

Hänge alle Kleiderbügel mit den Haken von hinten auf die Kleider-
stange. Wann immer du etwas herausnimmst, hänge den Bügel
anders herum wieder herein. Nach einem Jahr sortierst du die
Kleidungsstücke aus, die noch wie am Anfang im Schrank hängen.

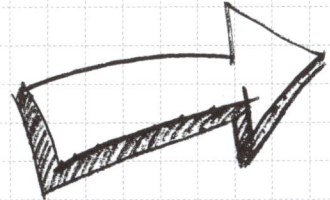

Einige Kleidungsstücke, wie
einen Anzug oder ein Hochzeits-
kleid, möchte man sicherlich
aufbewahren. Auch, wenn man sie
nicht so oft anzieht.

Ordentliche Bettwäsche

51

Bewahre zusammengelegte Bettdeckenbezüge in den dazu gehörenden Kissenbezügen auf.

So sind immer alle benötigten Teile mit einem Griff parat.

T-Shirt falten 52

So falten die Japaner Shirts. Mit etwas Übung kannst auch du T-Shirts mit einem Handgriff zusammenlegen.

1

a

b

c

2

b

a + c

3

4

Alternativ kannst du die Shirts auch zusammengerollt aufbewahren (siehe Seite 164)

1. Greife das Shirt wie abgebildet. Der linke Arm greift über den rechten Arm.
2. Führe Punkt a zu Punkt c und halte beide zusammen fest.
3. Hebe beide Arme an, sodass das Shirt in der Luft hängt.
4. Lege das Shirt mit den Ärmeln zuerst ab und klappe es auf der Vorderseite nach oben mittig zusammen.

Anti-Rutsch-Kleiderbügel

Gelingt auch mit Pfeifenputzern (Chenilledraht).

Zwei eng um einen Kleiderbügel gewickelte Gummibänder verhindern, dass die Träger eines Kleides herunterrutschen.

Sieht etwas unstabil aus, hält durch die Überlappung den Pulli aber wunderbar auf dem Kleiderbügel.

54 Pullis aufhängen

Falte einen Pullover mittig entlang der Längsachse, lege einen Kleiderbügel mit dem Haken zwischen den Achseln auf den Pullover und klappe die beiden Hälften an den Stegen des Kleiderbügels herunter. So aufgehängt, entstehen keine Falten und Ausbeulungen an den Schultern des Pullovers.

Bettlaken falten

Mit ein bisschen Übung klappt das Zusammenlegen auch, ohne dass man das Bettlaken überhaupt vor sich ablegen muss.

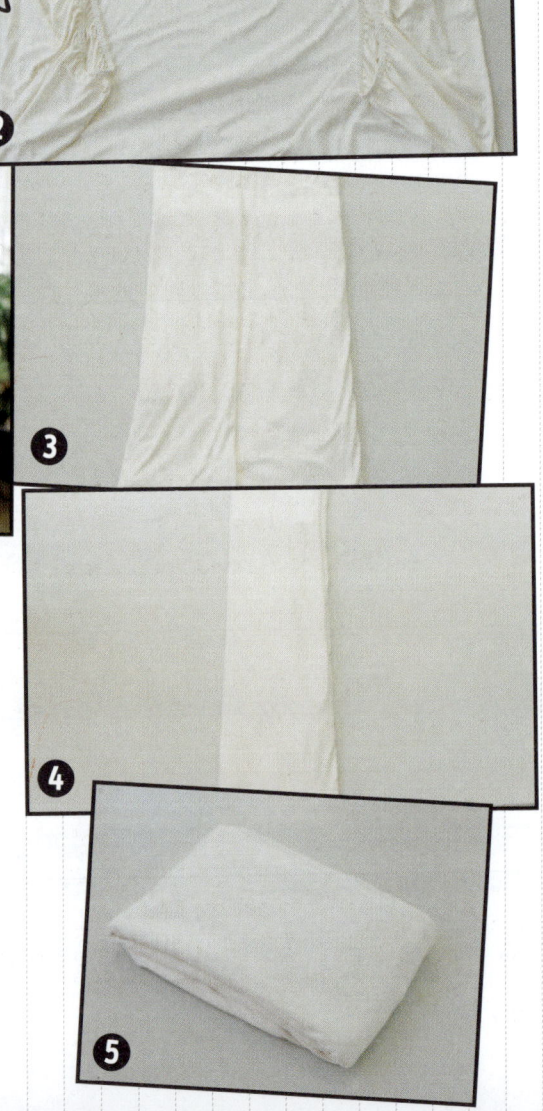

1. Die Vorderseite des Bettlakens zeigt nach außen (von dir weg). Stecke die unteren Ecken auf links in die oberen.
2. Das Bettlaken ist mittig vorgefaltet. Nun ablegen, die Ränder gerade ziehen, damit ein Rechteck entsteht.
3. Die Seitenkanten zur Mitte falten.
4. Das Tuch noch einmal mittig zusammenfalten.
5. Den Streifen zusammenfalten.

Leere Klopapierrollen helfen, Kabel in Schachteln und Schubladen zu organisieren.

Unter Lifehackern sind leere Klorollen wegen ihrer Vielseitigkeit heiß begehrt (siehe auch Seite 16, 221 und 288).

56
Ordnung in der Kiste

57

BESSERER ÜBERBLICK

Wenn du Taschenbücher, CDs oder DVDs in einem tiefen Regal in mehreren Reihen aufbewahrst, lege eine Schachtel oder ein Buch unter die hintere Reihe, damit diese erhöht steht und du die Titel lesen kannst.

Klappt bei besonders tiefen Regalen auch in drei Reihen, mit zwei Schachteln unter der hintersten Reihe.

53
Geldschein-Klammer

Mit einer Vielzweckklammer kannst du
ein Geldbündel zusammenhalten.

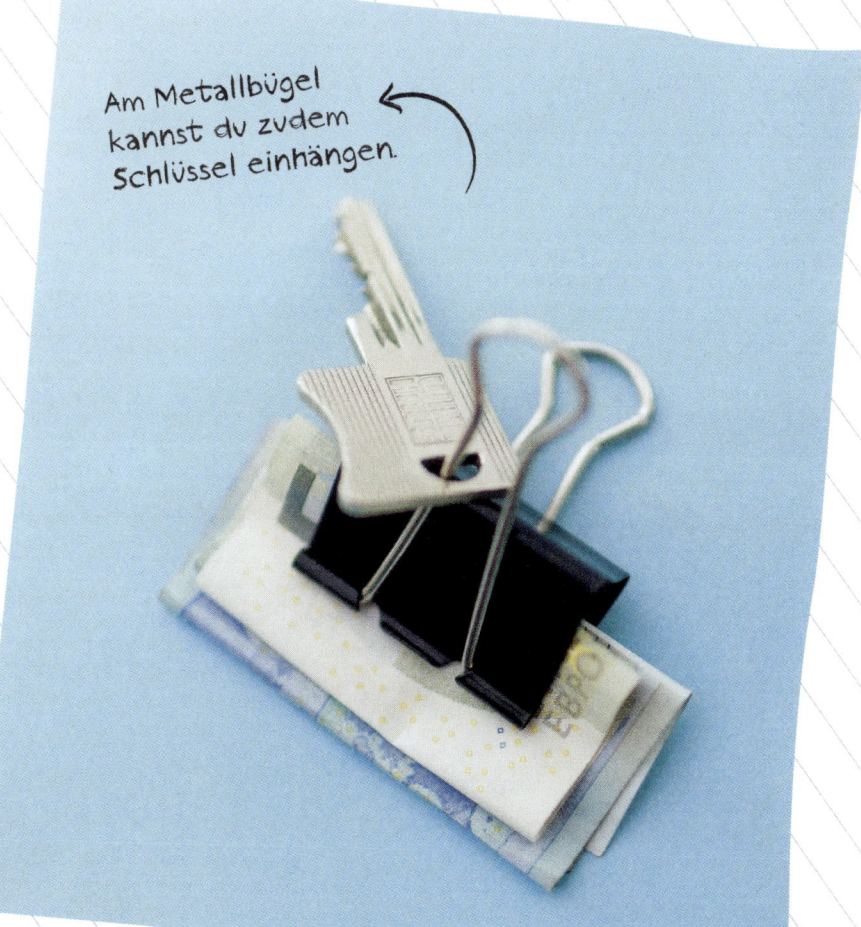

Am Metallbügel
kannst du zudem
Schlüssel einhängen.

59
ZUSAMMENHALT

Nutze Brotbeutel-Clips als Kabelbinder.

Zusätzlich kannst du die Clips mit einem Folienstift beschriften, um immer zu wissen, welches Kabel zu welchem Gerät gehört.

60 Ladestation

Mit wenigen Schnitten wird aus einer Kunststoffflasche
ein Halter fürs Mobiltelefon und andere Kleingeräte, die
du mit dem Stecker des Ladegerätes direkt an der Steck-
dose anbringen kannst.

Auch für Stifte oder
Schlüssel geeignet.

61 Kabel markieren

Dünne Kabel kannst du mit Kunststoffsteckperlen farblich markieren. Die Perlen an einer Seite mit einer Nagelschere aufschneiden. Zum Aufstecken mit der Scherenspitze etwas auseinanderdrücken.

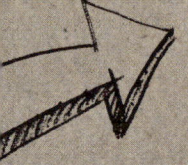

Markiere beide Enden des Kabels mit derselben Farbe, dann kannst du die Stecker auch hinter dem Schreibtisch oder in Kabelbündeln zuordnen.

Willst du die Montage später fortsetzen, solltest du die Schrauben und Kleinteile in kleine Dosen umlagern.

62 Sortierhilfe

Ein mehrfach gefaltetes Blatt Papier kann als Zwischenablage für Schrauben dienen, wenn du Möbel oder Geräte demontierst. Unterschiedliche Sorten von Schrauben können zudem mit Beschriftungen versehen werden.

63 Spaghetti aufbewahren

Eine leere Stapelchipsdose eignet sich zur Lagerung
von Spaghetti.

Haushalt & Reinigen

Mit buntem Papier be-
klebt ist die Dose nicht
nur praktisch, sondern auch
dekorativ.

So sind die Tüten bei Bedarf schnell griffbereit.

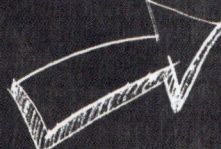

64 Tüten aufbewahren

Dünne Kunststofftüten kannst du in einer ausgedienten Kosmetiktücherschachtel aufbewahren.

65
Tütenverschluss

Mit einem Flaschenverschluss lassen sich auch Tüten verschließen. Den Verschluss mit einem scharfen Messer abschneiden, die Tüte durchziehen und den Deckel aufschrauben.

Gelingt mit nicht zu großen und nicht zu starren Tüten.

Mit diesem Hakentrick kannst du auch Smartphones und Tablets an die Wand hängen, um zum Beispiel bequemer Videos zu schauen.

66

DECKELHALTER

Topfdeckel lassen sich mit selbstklebenden Garderoben-
haken in eine Schranktür einhängen.

67
Dosenstapel

Ein Zeitschriftensammler eignet sich als Aufbewahrung für kleine Dosen. Lege ihn wie abgebildet hin und vergiss vorne die Sperre aus Holz, Draht oder Pappe nicht, damit die Dosen nicht herauspurzeln.

Haushalt & Reinigen

Mehrere Dosenständer nebeneinander ergeben besonders in tiefen Schränken ein wahres Platzsparwunder.

Willst du die Tüte wieder öffnen und der Knoten sitzt zu fest, einfach die beiden losen Enden fest einzwirbeln und gegeneinanderdrücken.

68 Tütentrick

Öffne Verpackungen, indem du einen schmalen Streifen der Verpackung am oberen Ende abschneidest. Diesen kannst du dann verwenden, um die Tüten zuzubinden.

69 Kühlschrank-körbe

Sortiere Lebensmittel im Kühlschrank in verschiedene Körbe und Kisten ein. So lassen sich beispielsweise alle Frühstücks-Utensilien mit nur einem Griff aus dem Kühlschrank nehmen.

So lässt sich der Kühlschrank auch schnell ausräumen und reinigen.

Kabelbinder auffädeln 70

Kabelbinder können zur Aufbewahrung auf einen Kabelbinder ohne Kopf aufgefädelt werden.

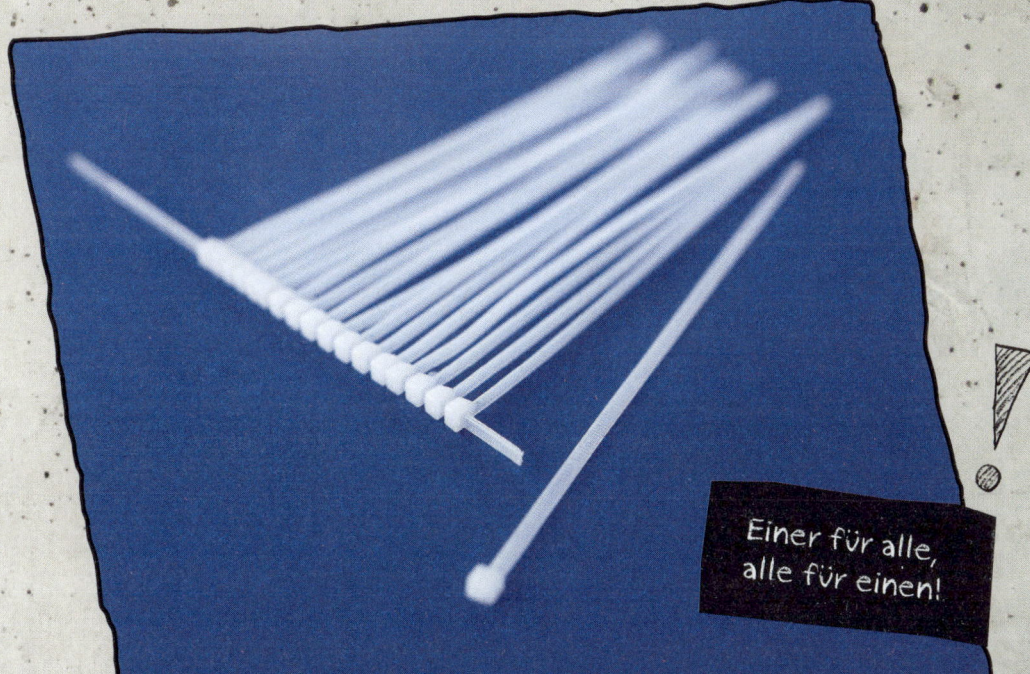

Einer für alle, alle für einen!

71 STIEFELSTÄNDER

Stiefel stehen aufrecht, wenn du leere Wasser-
flaschen hineinsteckst.

Geht auch
mit gerollten
Zeitschriften
oder zurecht-
geschnittenen
Schwimmnudeln.

So lassen sich hohe Schubladen zu Besteckschubladen umfunktionieren.

72
Besteck aufbewahren

Vertikal gelagertes Besteck belegt deutlich weniger Platz in der Schublade.

73 Zusätzlicher Stauraum

Ein Bücherregal, direkt über der Tür angebracht, bietet zusätzlichen Stauraum auch im kleinsten Zimmer.

Für extra viel Stauraum ein Regal mit mehreren Konsolen über die gesamte Zimmerbreite ziehen.

74

AUSFAHRBARE ABLAGE

Zusätzliche Ablagefläche in der Küche kannst du schaffen, indem du ein Schneidebrett auf eine geöffnete Schublade legst.

Lebensmittel, die viel Flüssigkeit abgeben, sollten hier nicht geschnitten werden, damit nichts in die Schublade läuft.

75

GESCHENK-BAND-KORB

Ein Kunststoffkorb mit langen Stäben darin hilft,
Geschenkbandrollen zu organisieren.

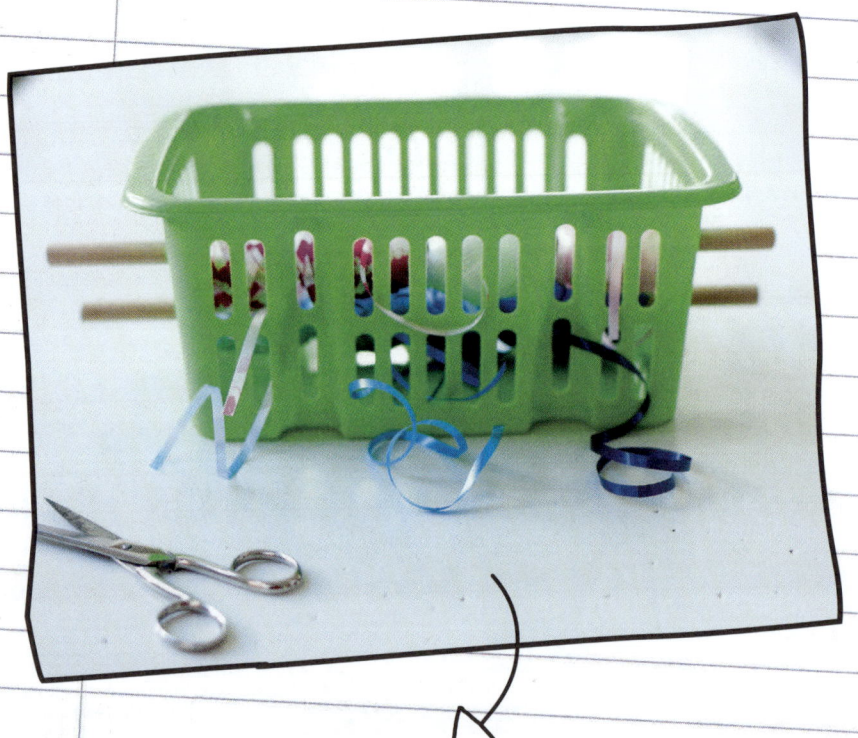

So kannst du die Rollen
gleichzeitig abwickeln
und aufbewahren.

76

Messerblock

Befülle einen Becher dicht mit Holz-Schaschlik-
spießen, die spitze Seite zeigt nach unten. Dann die
Küchenmesser hineinstecken.

Die Klingen werden ge-
schützt und das Ganze
sieht dekorativ aus.

77 TAFELGLÄSER

Ein Stück Tafelfolie auf einem Glas lässt sich mit dem aktuellen Inhalt oder einem Gruß an den Beschenkten beschriften.

Der Vorteil: Schnell abwischen und neu beschriften! Verwende Kreidestifte (flüssige Kreide). Die Farbe haftet besser als normale Kreide, lässt sich aber ebenso wegwischen.

78 Aufgewickelte Kopfhörer

Aufgewickelte Kopfhörerkabel kannst du mit einem kleinen Haarclip zusammenhalten, ohne dass sie sich verknoten.

Aufgewickelte Haare kannst du mit einem Kopfhörerkabel zusammenbinden. ☺

Weißwein kühlt man
mit gefrorenen Weintrauben

Sommer
und
Sonne

79
TÜTENSCHUTZ

Am Strand lassen sich Smartphones oder andere technische Geräte vor Sand und Wasser in einem verschließbaren Plastikbeutel schützen.

Der Touchscreen funktioniert auch durch den Beutel hindurch.

80 Erdbeeren entstielen

Den Stiel von Erdbeeren kannst du leicht und sauber entfernen, indem du von unten einen Strohhalm durch die Frucht stichst.

Die aufgespießten Erdbeeren machen sich bestens als Cocktail-Dekoration.

81 Fruchtfliegen-Falle

Befülle eine Plastikdose mit Obstschalen und über-spanne sie mit Klarsichtfolie. Nun stich mit einem Holzstäbchen ein paar Löcher in die Folie. Fertig ist die Fliegenfalle.

Die Fliegen krabbeln durch die Löcher zum Obst und finden nicht mehr heraus. Nach einigen Tagen kannst du die Folie draußen entfernen und die Fliegen vor der Tür aussetzen.

Auf diese Weise lassen sich auch dekorative und schmackhafte Mischgetränke herstellen.

Riesen- 82 Eiswürfel

Fülle eine Flasche zu einem Drittel mit einem Getränk und friere sie liegend ein. Anschließend kannst du sie mit dem Rest des Getränks auffüllen. Du erhältst ein schnell gekühltes Getränk, das nicht verwässert ist.

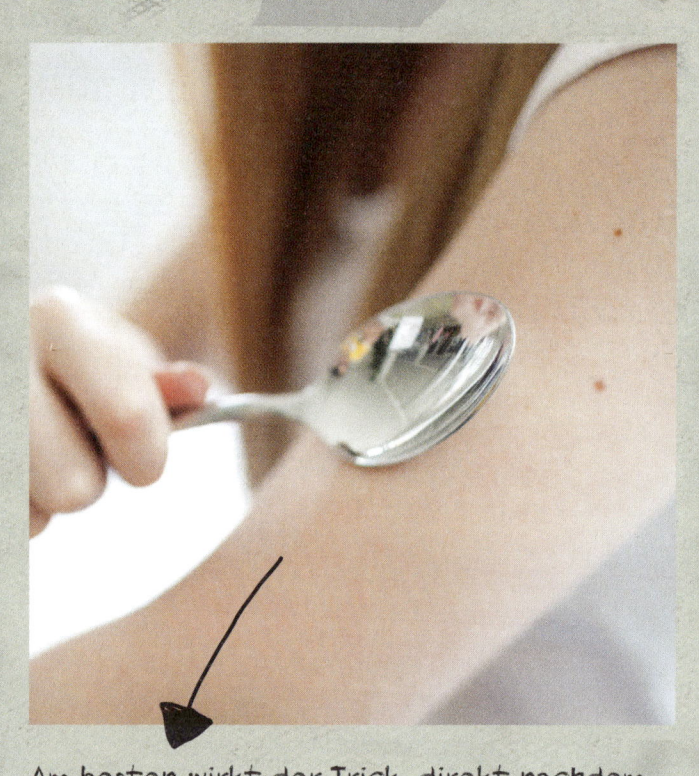

Am besten wirkt der Trick, direkt nachdem du den Stich bemerkt hast.

83

Jucken ade!

Das Jucken eines Mückenstichs kannst du behandeln, indem du einen kleinen Löffel unter heißes Wasser und anschließend auf die juckende Stelle hältst.

84 Eistrauben

Kühle Weißwein mit gefrorenen Weintrauben.

Ein erfrischendes Getränk, ein optisches Highlight und gesundes Obst in einem.

85 Dosenbier und Angelhaken

Aus dem Öffnerring einer Getränkedose kannst du
mit zwei Schnitten einen Angelhaken improvisieren.

Die Dose Bier wirst du beim
Warten auf den Biss dringend
nötig haben.

FRISBEE-GOLF 86

Eine Klappbox oder ein Wäschekorb in einiger Entfernung aufgestellt, ist ein herausforderndes Ziel für Frisbee-Würfe. Wer schafft es mit den wenigsten Versuchen?

Mehrere Boxen mit Zahlen daran ergeben einen ganzen Frisbee-Golf-Platz.

Immer 87 cremiges Eis

Ein wiederverschließbarer Plastikbeutel verhindert, dass Speiseeis im Eisfach hart wird.

Dadurch, dass das Eis im Beutel luftdicht verschlossen ist, friert es nicht kristallin ein, sondern bleibt schön cremig.

Über den Verschluss kannst du die Pflanze gießen sowie Temperatur und Sauerstoffgehalt regulieren.

88 FLASCHEN-GEWÄCHSHAUS

Schneide den Boden einer Plastikflasche ab und stelle sie über eine Pflanze in einem Blumentopf.

89 BARFUSS-PEDALE

Um bequem barfuß fahren zu können, befestige mit Kabelbindern kleine Küchenschwämme auf den Pedalen deines Fahrrads.

Gleichzeitig werden die Fußsohlen beim Fahren von Sand, Erde oder Gras gereinigt.

90
Eisbomben

Friere kleine, mit Wasser gefüllte Ballons (Wasserbomben) ein, dann kannst du sie später als dekorative Kühlung für Getränke verwenden.

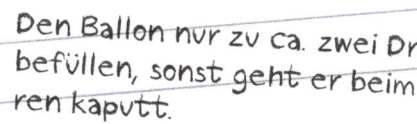

Den Ballon nur zu ca. zwei Dritteln befüllen, sonst geht er beim Gefrieren kaputt.

91 Smartphone-Halter

Eine Sonnenbrille umgekehrt und leicht geöffnet auf den Tisch legen und als Smartphonehalter verwenden.

Falls du die Sonnenbrille brauchst, ist es wahrscheinlich sowieso zu hell, um etwas auf dem Display zu erkennen.

Mit einem Laken für Doppelbetten kannst du ein Nest für die ganze Familie bauen.

9² Geschützt liegen

Ein Spannbettlaken und vier Taschen bilden eine geschützte Liegefläche. Auch praktisch am Strand als Wind- und Sandschutz.

93 Limetteneis

Fülle kleine Plastikbecher zu ca. zwei Dritteln mit Limonade und friere sie für zwei Stunden ein. Stecke Eisstiele durch Zitronen- oder Limettenscheiben und setze sie in den Becher. Etwas Abstand zwischen Scheiben und Eis lassen; es dehnt sich noch weiter aus. Weiter gefrieren.

Die Limettenscheiben verhindern, dass das Eis am Stiel heruntertropft.

94

Melone am Stiel

Schneide Segmente aus der Melone heraus und ritze an der Schale einen Schlitz, in den du einen Eisstiel steckst. Die Melonenstücke einfrieren – fertig ist das gesunde Eis ohne künstliche Zusatzstoffe.

Auch in den Geschmacksrichtungen Galia- und Honigmelone lecker.

95 REISSVERSCHLUSS-DOSE

Eine originelle Verpackung lässt sich aus zwei Böden von Kunststoffflaschen und einem Reißverschluss basteln. Für die Reißverschlusslänge den Umfang der Flaschen ausmessen. Dann die beiden Hälften der Dose mit dem Reißverschluss verkleben.

Nach Belieben kannst du noch Dekoband über den Reißverschluss kleben. Die Dose ist auch als Geschenkverpackung ein Hit!

Der perfekte
Tropfschutz
für langsame
Genießer.

96

Tropfschutz-mantel

Mache einen kleinen Schnitt in die Mitte
eines Muffinbackförmchens und stecke ein
Eis am Stiel hindurch.

97 Brillenhalter

Sonnenbrillen lassen sich bequem über einen
Metall-Kleiderbügel hängen und so aufbewahren.

Funktioniert natürlich auch
mit normalen Brillen.

98

KRONKORKEN-OHRRINGE

Du kannst die Kronkorken auch flachklopfen, dann sehen die Ohrringe noch kunstvoller aus. Zum Anbringen der Brisur dann kleine Löcher einstechen.

Erfrischung fürs Ohr: Zwei Kronkorken des Lieblingsgetränks lassen sich mit den Steckern von alten Ohrringen und ein wenig Heißkleber zu stylischen Unikaten umfunktionieren.

Sport und Spiel

Aus zwei Konserven-
dosen und zwei langen
Schnüren lassen sich
im Handumdrehen
Stelzen bauen.

99 TROPFFREIER KÜHLPACK

Ein gefrorener, feuchter Schwamm in einem Kunst-
stoffbeutel verhindert, dass der Kühlpack beim
Schmelzen tropft oder ausläuft.

Der Schwamm schmiegt
sich schön an die zu
kühlende Stelle an.

100

TISCHTENNIS-BALL ENTBEULEN

Tischtennisbälle mit einer Delle vorsichtig mit dem Föhn erwärmen. Das Gas im Ball dehnt sich aus und drückt die Delle heraus.

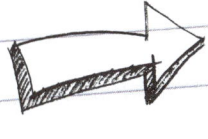 Halte den Ball beim Föhnen gut fest. Wer hitzeempfind-liche Finger hat, verwendet eine Küchenzange.

101 IM ZEITRAFFER

Du brauchst eine Kamera mit Zeitraffer-Funktion, einen Küchen-timer, eine Stativschraube und Sekundenkleber. Klebe die Schraube mittig auf den Timer und schraube die Kamera auf. Platziere das Gerät dann an einem Ort mit gutem Rundumblick, drehe die Eieruhr auf maximale Laufzeit und startet die Zeitrafferaufnahme.

Einen Zeitraffer-Film vom Making-of des Buches findest du unter
www.trick17-podcast.de/eieruhraufnahmen

102
Bleistift-Würfel

Würfel vergessen? Kein Problem: Viele Bleistifte haben sechs Seiten – wie Würfel. Beschrifte die Seiten mit Punkten oder Zahlen, dann kannst du mit dem Bleistift würfeln.

Zum Würfeln den Bleistift auf den Tisch legen und mit dem Finger schnipsen oder zwischen die Handflächen nehmen und mit einem Wisch auf den Tisch rollen.

103

Reise-Würfelspiel

Gut geeignet für lange Autofahrten oder Spielrunden im Freien.

Damit die Würfel unterwegs nicht herunterfallen, verpacke sie in eine kleine, transparente Frischhaltedose. Zum Würfeln die Dose schütteln und die Würfel auf den Deckel fallen lassen.

Wenn du die Schnur durch leichten Zug nach oben spannst, hast du eine stabile Kameraposition und kannst zudem frei zu den Seiten schwenken.

104 Hosentaschen-Stativ

Aus einer Stativschraube und einer stabilen Schnur kannst du ein Stativ für die Hosentasche bauen. Stell dich breitbeinig auf die Schnur. Die beiden Enden müssen bis zu der Höhe reichen, auf der du fotografieren möchtest. Die Enden an die Schraube knoten. Die Schraube in das Stativgewinde der Kamera drehen.

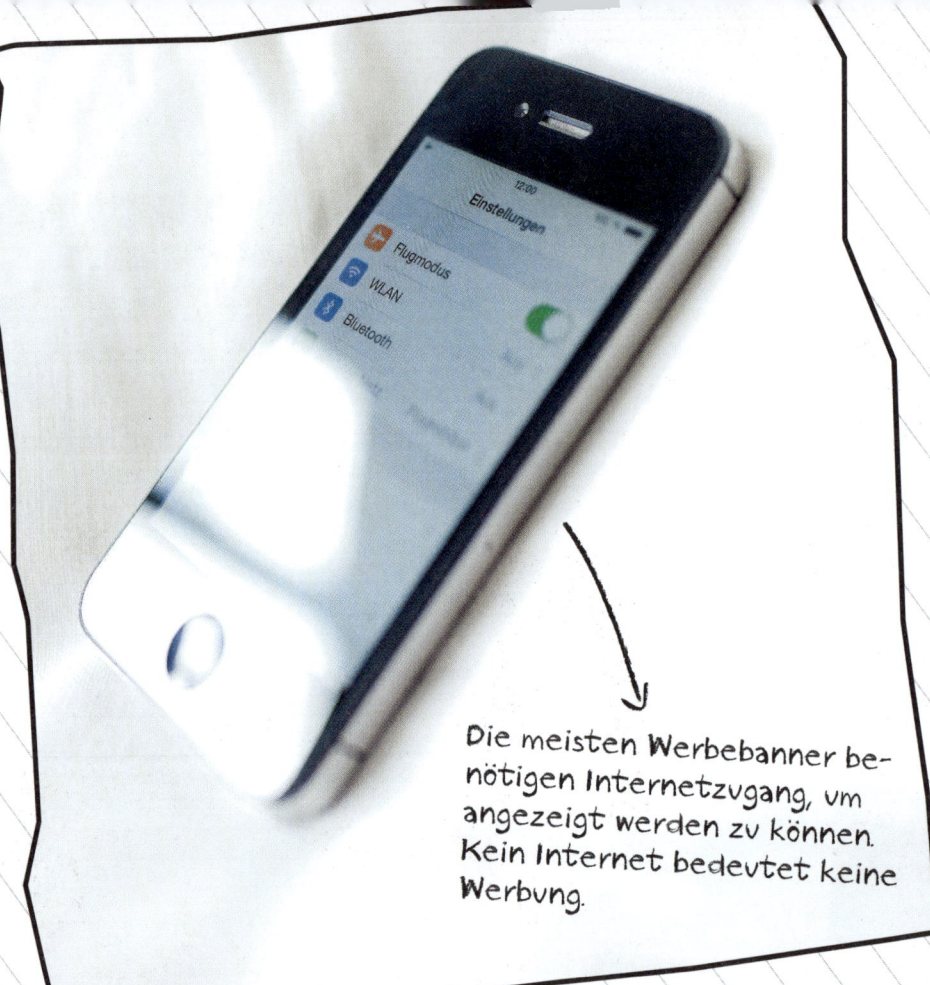

Die meisten Werbebanner be-
nötigen Internetzugang, um
angezeigt werden zu können.
Kein Internet bedeutet keine
Werbung.

105 Werbeblocker

Wenn du Spiele auf dem Smartphone ohne
Werbeeinblendungen spielen möchtest,
schalte es in den Flugmodus.

106
Becherkanone

Schneide mit dem Cutter den Boden von einem Pappbecher ab. Verknote einen Luftballon und schneide ihn
in der Mitte durch. Stülpe den Luftballon dann über die
untere Öffnung des Bechers und fixiere ihn mit Klebefilm. Durch Zug am Knoten kannst du leichte Dinge wie
Popcorn, Erdnussflips oder Marshmallows aus dem Becher
schießen.

Wer schießt am weitesten?
Wer trifft ein Gefäß mit
den wenigsten Versuchen?

Wettbewerbs-Idee:
Wer baut den
höchsten Turm?

107
MARSHMALLOW-
SKULPTUREN

Aus Marshmallows und Zahnstochern oder Schaschlik-
spießen lassen sich witzige Männchen und kunstvolle
Gebilde anfertigen.

BALLONRAKETE

Spanne einen Faden durch den Raum und fädle einen Trinkhalm auf. Dann befestige mit Klebefilm einen aufgeblasenen, aber nicht verknoteten Luftballon am Trinkhalm. Lässt du nun die Luft aus dem Ballon entweichen, schießt der Luftballon an der Schnur entlang durch den Raum.

Durch den Luftstrom kann der Ballon auch Steigungen überwinden und sogar senkrecht starten.

Achte auf stabile Schnur und dicke Knoten, damit die Schnur beim Herumlaufen nicht reißt.

109 Dosenstelzen

Aus zwei großen Konservendosen und zwei langen Schnüren kannst du Stelzen basteln. Einfach nahe am Dosenboden zwei einander gegenüberliegende Löcher in die Dosen schlagen oder bohren, die Fäden durchführen und gut verknoten.

110 Geheimtinte

Zitronensaft eignet sich als Geheimtinte auf Papier.
Die Botschaft lässt sich über einer Kerze oder durch
Bügeln entschlüsseln.

Kinder sollten nicht allein mit offenem Licht oder dem Bügeleisen hantieren.

111 Rasenspaß

Mit bunten Sprühfarben für die Haare kannst du
ein Spielfeld auf den Rasen zeichnen.

Auch Brettspiele können so auf den Rasen gesprüht werden. Ein großes Loch in ein Stück Pappe geschnitten kann als Sprühschablone dienen.

112 Murmelgolf

Aus Pappe, buntem Papier und dem Deckel einer Deoflasche lässt sich eine Minigolf-Bahn bauen. Das Fähnchen an eine eng aufgewickelte Papierrolle oder ein Holzstäbchen kleben. Geschnipst wird die Murmel mit dem Finger. Wer kommt mit den wenigsten Versuchen ans Ziel?

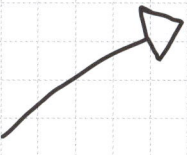

Für ein noch echteres Golf-Gefühl kann man die Murmel statt mit dem Finger auch mit einem Kochlöffel abschlagen.

Als Bowlingkugel dient ein normaler Ball. So kannst du auch Fußballbowling spielen.

113 FLASCHEN-BOWLING

Kleine Kunststofffflaschen mit Wasser und Lebensmittelfarbe füllen, fertig sind die Kegelfiguren.

114 Murmel-Gemälde

Ein Blatt Papier in einen Schuhkarton-Deckel kleben, Farbe
auf das Blatt klecksen und einige Murmeln in den Deckel
legen. Durch Hin- und Herschwenken des Deckels entstehen
fantasievolle Unikate.

Angeblich hat Picasso
auch auf diese Art
gemalt.

Eisstiel-Puzzle

Klebe ein Foto auf Eisstiele und schneide es mit einem scharfen Messer in Streifen. – Fertig ist ein einfaches Puzzle mit persönlichem Charme.

Wenn du auf beiden Seiten der Stiele Fotostreifen aufklebst, wird das Spiel etwas schwieriger.

116
MURMEL-LABYRINTH

Mit Pappe, Fotokarton, Kleber, einer Murmel und etwas Fantasie lässt sich ein schönes Geschicklichkeitsspiel basteln.

Als Hindernisse kannst du auch Strohhalme aufkleben.

117 Kartoffel-Stempel

Halbiere eine Kartoffel und drücke eine Ausstechform in die Schnittkante. Nun schneide seitlich in die Kartoffel bis an die Form heran. So lässt sich schnell ein witziger Stempel für Kinder anfertigen.

Stempel-Motive kannst du auch aus Moosgummi ausschneiden und auf Holzklötzchen kleben. Solche Stempel sind langlebiger als die Kartoffel-Variante.

118
Frische Schuhe

Ein trockener Teebeutel über Nacht in einem müffelnden Schuh entfernt den Geruch.

Auch Katzenstreu wird nachgesagt, die Feuchtigkeit und den Geruch aus Schuhen entfernen zu können. Einfach in ein Stück Nylonstrumpf füllen, verknoten und mindestens eine Nacht im Schuh lassen.

119 EISSTIEL-PFEIFE

Durch Pusten zwischen die Eisstiele wird das Gummiband in Schwingung versetzt und erzeugt einen pfeifenden Ton.

Klebe zwei Papierstreifen um einen Eisstiel. Spanne ein Gummiband über einen zweiten Stiel (hier unten liegend) und lege beide Eisstiele aufeinander. Befestige alles mit Klebeband oder zwei Gummibändern an den Seiten.

Geschirrtuch-Spiel

Male mit Filzstift ein Schachbrett auf ein kariertes Geschirrtuch. Verschiedenfarbige Steine dienen als Spielsteine.

Wenn du nach dem Spielen das Tuch zu einem Säckchen zusammenraffst und mit einer Kordel verknotest, hast du zugleich einen praktischen Beutel für das Spiel.

(121) Monsterspray

Dekoriere eine Sprühflasche mit Bildern und Schrift und fülle sie mit Wasser.

Kindern, die nach einer Gruselgeschichte Angst vor bösen Hexen und Monstern haben, kannst du mit diesem Schutzspray wieder Mut machen: Einfach in dunkle Ecken oder auf das Kopfkissen sprühen.

122 Wohnzimmer-Hickelkasten

Mit Kreppklebeband lässt sich auch in der Wohnung ein Spielfeld auf den Fußboden kleben.

Wieder einen Schritt näher am Preis "Coolste Eltern der Welt".

123
Karten-Schach

Ein Satz Rommé-Karten lässt sich als Schachfiguren verwenden.
Das Spielfeld in ausreichender Größe auf ein Stück Packpapier
aufmalen (8 x 8 Kästchen).

Gespielt wird Rot gegen Schwarz. Für
Bauern niedrige Zahlen, für Türme die
Asse, für Springer die 10er, für Läufer die
Buben und für die Damen die Königinnen
verwenden. Der Karten-König bleibt auch
beim Schachspiel König.

124 Tisch-Hängematte

Einen großen Überwurf unter einem Tisch spannen und oben zusammenknoten. Fertig ist die Hängematte für Kinder.

Achte auf einen stabilen Stoff!

125
PORTABLES HUFEISENWERFEN

Eine Schraube (oder einen Nagel) mittig durch den Boden eines Holzkästchen drehen. Geworfen wird mit großen Unterlegscheiben. Ziel ist es, die Scheibe auf die herausragende Spitze zu werfen.

Wer nur in den Kasten trifft, bekommt einen Trostpunkt.

126
Outdoor-Riesenspiel

Mit Papptellern kannst du auf Betonweg-platten spielen.

Auf die Pappteller lassen sich auch Schachfiguren zeichnen.

Urlaub und Reisen

Ein buntes Stück
Stoff am Griff
des Koffers hilft
beim schnelleren Er-
kennen auf dem
Gepäckband.

127 Firestarter

Mais- oder Tacochips dienen im Notfall als Anzündhilfe für ein Feuer.

Die gesalzenen Chips funktionieren übrigens ebenso gut wie die, auf deren Verpackung „Hot" steht.

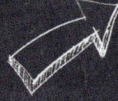

128 Flaschenlampe

Die Flasche streut das Display-Licht in alle Richtungen.

Notbeleuchtung für unterwegs: Getränkeflasche mit transparentem Inhalt auf das Display des Smartphones stellen.

129 TRANSPORT-KÖRBCHEN

Mit einem Träger für Bierflaschen kannst du ein kleines
Picknickkörbchen improvisieren.

Eignet sich übrigens auch,
um Dekorationsgegenstände,
wie Blumenvasen und Wind-
lichter für Gartenpartys zu
transportieren.

130 Outdoor-Küchenzeile

Schnalle einen Gürtel um einen Baum und hänge einige S-Haken an den Gürtel. Daran kannst du Töpfe und Pfannen aufhängen, wenn du draußen kochst.

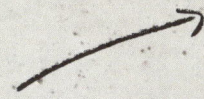

Auf diese Weise kannst du auch Gartengeräte aufbewahren.

Sehr praktisch: Ein witterungs-
resistenter Klopapierspender für
den Campingurlaub.

131

Klopapier-Dose

Eine verschließbare Kunststoffdose an der Seite mit einem Schlitz
versehen. Ein Loch in Deckel und Boden bohren und eine feste
Schnur hindurchziehen.

132
LAGERFEUER-ANZÜNDER

Mit Kerzenwachs getränkte Wattepads sind ein praktischer und preisgünstiger Kaminanzünder.

Sammle die Stumpen von abge-brannten Kerzen, um sie später einzuschmelzen.

133 Trockene Streichhölzer

Bewahre Streichhölzer unterwegs in kleinen Kunststoffbehältern auf, um sie vor Feuchtigkeit zu schützen.

Streichhölzer erhältst du in den meisten Lokalen gratis.

134
Kaffeebeutel

Aus Kaffeefiltern und etwas Küchengarn oder Zahnseide lassen sich Kaffeebeutel für unterwegs vorbereiten.

Gelingt natürlich auch mit Teefiltern und deinem losen Lieblingstee!

135
KNITTERFREI

Falls der Kragen schon zerknittert ist, kannst du ihn mit einem Glätteisen glätten (siehe Seite 229).

Damit der Hemdkragen beim Transport in einem Koffer oder einer Tasche aufrecht und knitterfrei bleibt, rolle einfach einen breiten Gürtel auf und lege diesen in den Kragen.

136 Deckellöffel

Falte den Deckel deines Puddings oder Joghurts, um einen Löffel zu improvisieren. Mit dem Daumen die Löffelkelle markieren und den hinteren Bereich zu einem schmalen Stiel falten. Die Löffelkelle durch Zurückfalten der Ränder ausformen.

So kannst du auch unterwegs einen Nachtisch genießen.

137
Gläser in Socken

So weißt du beim Umzug nicht nur, dass die Gläser ganz bleiben, sondern auch, wo die Socken sind.

Stecke Gläser und Flaschen in Socken, um sie beim Transport zu schützen.

Fotografisches Gedächtnis

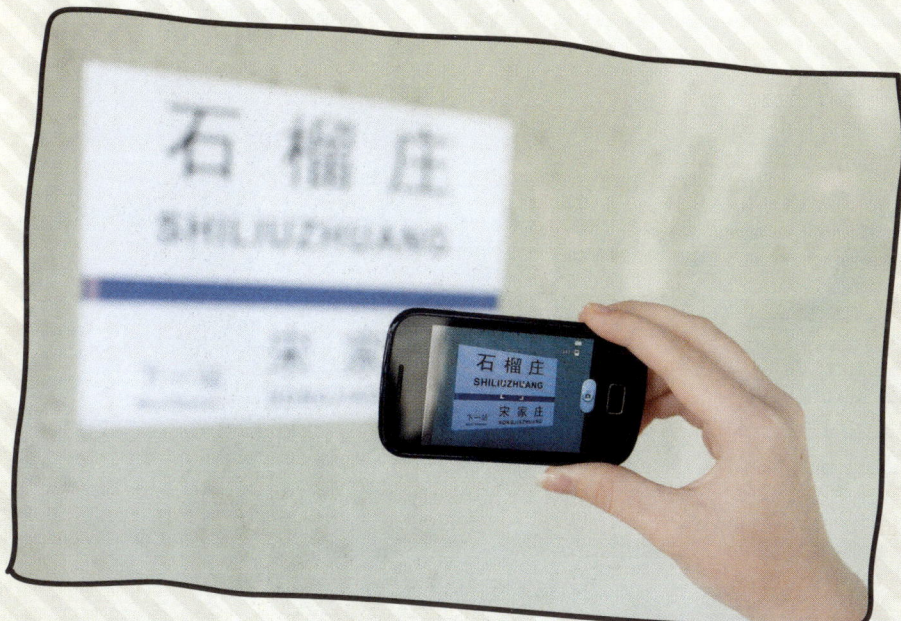

In Ländern mit fremden Schriftzeichen hilft ein Foto der U-Bahn-„Heimatstation", um den Weg zurückzufinden.

Kann man die Zeichen nicht wiederfinden, hilft bestimmt ein freundlicher Bewohner der Stadt.

139 Knitterfreie Sakkos

Ein Sakko bleibt faltenfrei und vor Schmutz geschützt, wenn du es mit der Innenseite nach außen glatt zusammenlegst.

Packe das Sakko am besten in den Kofferdeckel. Im Kasten ist meist das Trolleygestell integriert und die Kleider verknicken.

140
Immer griffbereit

Auch geeignet für Schmuck oder (Auto-)Schlüssel.

Kleine Kabel und Geräte kannst du unterwegs in einem Brillenetui aufbewahren, damit sie nicht verlorengehen.

141
DER RICHTIGE GRIFF

Gelingt mit allen Taschen, die einen Henkel oder Gurt haben.

Um im Zug, im Bus oder beim Relaxen im Freien zu verhindern, dass ein vorbeilaufender Dieb deine Tasche klaut, stecke einfach ein Bein oder einen Arm durch eine der Griffschlaufen.

142
BLUMENDIENST

Wichtig: Die Wanne muss erhöht stehen!

Eine Wanne voller Wasser und Wollfäden versorgt die Pflanzen im Urlaub mit Wasser. Durch die Kapillarkraft wird das Wasser durch den Faden in den Topf befördert.

143
Getränkehalter

Bei der Lagerung von Heißgetränken mit dieser Methode könnte sich intensiver Fußgeruch im Fahrzeuginneren ausbreiten.

Nimm einen Schuh und stelle ihn in Fahrtrichtung in den Fußraum des Autos. So kannst du Flaschen oder Becher im Schuh stabil lagern, ohne dass sie während der Fahrt umkippen.

144
Laden per USB

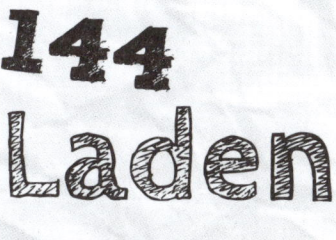

Wenn du ein USB-Kabel, aber kein Ladegerät für ein Handy oder Tablet dabei hast, kannst du es im Hotel meist am LCD-Fernseher aufladen.

Die gängigsten Streaming-Programme gibt es auch ganz klassisch auf dem Fernseher.

145

Gepäckmarkierung

Ein buntes Stoffband am Griff des Koffers hilft beim schnelleren Erkennen auf dem Gepäckband.

Denselben Effekt erzielst du mit bunten Koffergurten. Diese kannst du nach Belieben noch mit wasserfesten Stiften bemalen.

Frische Koffer

Vermeide unangenehmen Koffergeruch an der
Kleidung mit Trocknertüchern.

So weht einem im Urlaub die Meeresbrise
schon aus dem Koffer entgegen.

Taschen-
[147] rucksack

Auch Sporttaschen mit
zwei Henkeln lassen sich
als Rucksack tragen.

Eine Tasche, die einen Schultergurt und Tragegriff hat, kannst
du mit wenigen Handgriffen in einen Rucksack umwandeln.

Der Trick funktioniert nach einer Weile auch, wenn du dir die Hände nur vorstellst.

148

LINKS UND RECHTS UNTERSCHEIDEN

Beide Hände vor sich ausstrecken und Daumen und Zeigefinger abspreizen. Die Finger der linken Hand bilden ein „L".

Dichte 149 Shampoo-flaschen

Angefangene Shampoo- und Duschgelflaschen kannst du für den Reisetransport mit einem Stück Klarsichtfolie vor dem Auslaufen sichern. Den Deckel abziehen und ein Stück Folie über die Öffnung legen. Dann den Deckel wieder aufsetzen.

Unterwegs lassen sich aus einer dünnen Plastik-tüte (von Obst und Gemüse) Stücke reißen oder schneiden.

150
Knopf am Ohrring

Selbstgebastelte Ohrringe (siehe Seite 107) lassen sich auch direkt mit Knopf verschenken

Fädle Ohrringe nach dem Tragen in einen Knopf ein, dann bleiben sie bis zum nächsten Mal sicher beisammen.

151
KLAMOTTEN ROLLEN

Aufgerollte Kleidung nimmt weniger Platz weg als zusammengelegte.

Die Shirtrollen sind außerdem leichter im Koffer zu finden und einfacher zu entnehmen.

Anhand des L und R auf den Deckeln des Behälters lassen sich verschiedene Cremes auch auseinanderhalten.

Eine Reiseportion von Salben und Cremes lässt sich in einem ausgedienten Kontaktlinsenbehälter aufbewahren.

152
Cremedöschen

153
Lackiert und fixiert

Transparenter Nagellack auf einen Knopf auf-
getragen verhindert, dass sich dieser löst.

Klappt auch mit einem
Tropfen Flüssigkleber.

Schmutzfang

Eine Duschhaube trennt die Kleidung im Koffer von den Schuhen.

In vielen Hotels gibt es Duschhauben
kostenlos. Falls sie nicht bereits im Bad
liegen, einfach an der Rezeption nach-
fragen.

155
Rasiererkappe

Wie ein stumpfer Rasierer wieder scharf wird, erfährst du auf Seite 36.

Klemme eine große Vielzweckklammer über den Kopf eines Nass-rasierers, um diesen auf Reisen zu schützen.

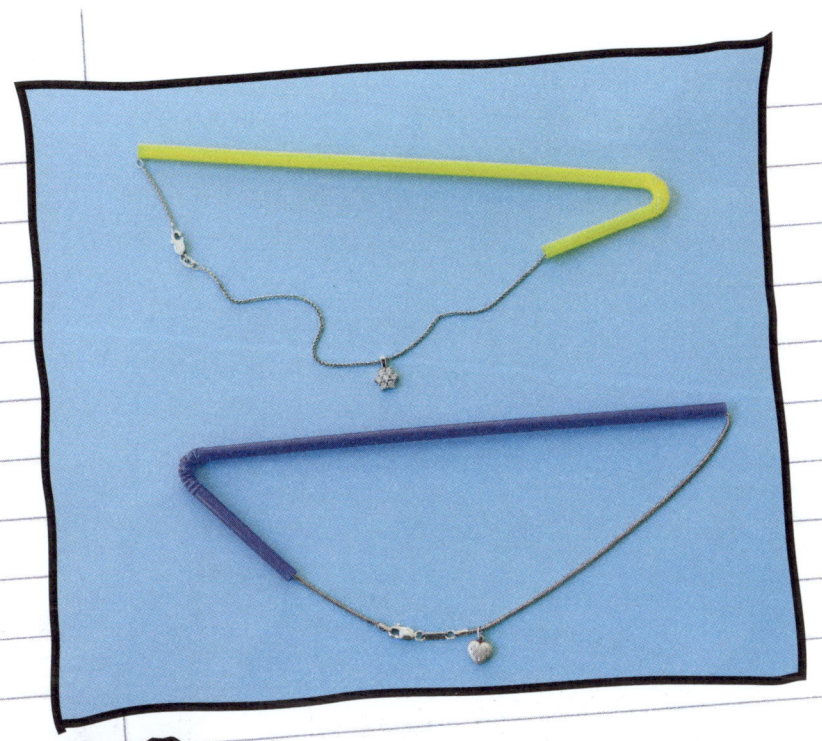

156
Ketten-
Röhrchen

Fädle eine dünne Halskette durch einen Strohhalm, dann kann sich die Kette beim Transport nicht mehr so leicht verknoten.

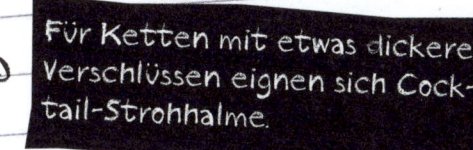

Für Ketten mit etwas dickeren Verschlüssen eignen sich Cocktail-Strohhalme.

Nach dem Weg fragen

Auch Taxifahrer sind gute Ansprechpartner.

Um unterwegs nach dem Weg zu fragen, sind Pizzalieferanten eine gute Adresse.

KOCHEN MIT DER KAFFEEMASCHINE

Noch Hunger? Dann koch dir doch noch eine Portion Nudeln in der Kaffeemaschine.

Im Notfall kann man unterwegs mit einer Kaffeemaschine Eier kochen. Die Eier in die Kanne legen, mit heißem Wasser überbrühen und 8 – 10 Minuten ziehen lassen.

Gäste und Party

Mit Nelken gespickte
Zitronenhälften
vertreiben Mücken.

159 STEHENDE TÜTEN

Zu wenig Schalen für eine Party mit Chips oder Flips?
Keine Lust, große Schüsseln abzuspülen? Hier der
Tütentrick.

1. Die Tüte öffnen und den Rand
einrollen.

2. Die unteren Ecken nach innen
stülpen und gleichmäßig aufrollen.

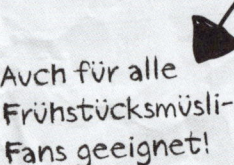

Auch für alle
Frühstücksmüsli-
Fans geeignet!

3. Der Inhalt hebt sich servierfreundlich
nach oben und die Tüte steht wie eine Eins.

Was wäre eine spontane Party ohne Musik?

160

Smartphone-Verstärker

Leg dein Smartphone oder deinen MP3-Player in eine Schale oder Schüssel. Dadurch wird die Lautstärke der internen Lautsprecher verstärkt.

Funktioniert auch an Wasserhähnen oder Seifenspendern.

161

Tropfenfänger

Aus einer Kunststoffflasche lässt sich mit ein paar Schnitten mit Schere oder Cutter ein Tropfenfänger für Fässer und Getränkespender basteln.

Dips servieren

Muffinbleche eignen sich auf Partys zum Servieren verschiedener Dips, Soßen oder Knabbereien.

So lassen sich auch Zutaten für den Belag von Hamburgern auf einem Blech bereitstellen.

Auf Tuch-
kühlung

(163)

Wickle eine Flasche in eine feuchte Papiertüte oder
ein Papiertuch und lege diese in den Kühlschrank.

Durch das verdunstende Wasser ist die Flasche innerhalb von 15 Minuten kalt.

Bierstopper

164

In Kühlschränken mit Gitterböden lassen sich liegende Getränkeflaschen mit einer Vielzweckklammer vor dem Wegrollen sichern.

So ist auch noch genug Platz für eine Schüssel Nudelsalat.

179

Gäste & Party

165
Farbenfroh kühlen

Eine Glasschale, Knicklichter und Eis bieten buntes, stimmungs-
volles Licht für die abendliche Getränkeauswahl. Die Knicklichter
auf den Gefäßboden legen und mit Eis bedecken.

So lassen sich die Getränke-Etiketten auch
bei dämmrigem Licht entziffern.

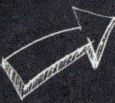

Wenn die Schälchen leer sind, verwandelt sich die Paprika in einen zusätzlichen Snack.

166
Paprikaschälchen

Dips und Saucen in ausgehöhlten Paprikas verschönern das Gemüsebuffet.

167
Melonenschale

Mit einem Kugelausstecher, einer Melone und weiterem Obst kannst du das Highlight für jede Party zaubern.

An heißen Sommertagen kannst du gefrorene Melonenkugeln als Eiswürfelersatz servieren.

168

KORKENZIEHER AUS DER WERKSTATT

Zum Herausziehen der Schraube kannst du auch einen Zimmermannhammer verwenden.

Eine Schraube in den Korken drehen und mit einer Zange herausziehen.

Last-Minute-Girlande

Das Papier ziehharmonikaartig falten, eine Form ausschneiden und darauf achten, dass an den beiden Kanten
Verbindungen erhalten bleiben.

Aus dünner Tapete, Ge-
schenkpapier oder einer
Papiertischdecke kannst
du besonders lange Gir-
landen anfertigen.

Strohhalm-Wimpel

Mit Strohhalmen und zwei langen Fäden lässt sich im Handumdrehen eine dekorative Girlande erstellen. Die Strohhalme auf einen Faden fädeln. Dann jeweils zwei Strohhalme auf den zweiten Faden fädeln und zwischen zwei Halme des ersten Fadens knoten.

Wenn du die Strohhalme in kürzere Stücke schneidest, kannst du eine Vielzahl weiterer Formen anfertigen.

171 BECHER-LICHTERKETTE

Aus Einwegtrinkbechern werden Lampenschirme. Einfach Schlitze in den Boden schneiden und auf die Birnen einer Lichterkette stecken.

So wird aus der Weihnachtsdekoration im Handumdrehen eine stylische Partybeleuchtung.

Mückenschreck

Mit Nelken gespickte Zitronenhälften vertreiben
Mücken auf jeder Grill- und Gartenparty.

Gesünder und natürlicher geht's nicht!

Lass den Eisblock vor dem Zerteilen einige Minuten an- tauen und tauche das Messer in heißes Wasser.

173
Fruchteis am Stiel

Für die gesunde Erfrischung auf Kinderpartys bereite Fruchteis in der Kastenbackform vor. Bis zu 1 kg pürierte Früchte passen in die Form. Die Backform mit Frischhaltefolie auslegen, mit Fruchtpüree füllen und ins Gefrierfach stellen. Nach einer Stunde Holzstiele hineinstecken. Noch zwei Stunden gefrieren lassen, dann mit einem großen Küchen- messer portionieren.

174
Kochen in der Kühlbox

Gemüse und/oder Würstchen in große, verschließbare Gefrierbeutel geben und dann in einer Kühlbox mit kochendem Wasser übergießen und ziehen lassen. Auf diese Weise kannst du große Mengen zubereiten.

Die Speisen kannst du gekühlt in Beuteln in der Box transportieren und dann am Zielort mit heißem Wasser erwärmen.

Um auf einer Party große Mengen Eis zu servieren, schneide den Becher oder die Schachtel mit einem scharfen Messer in Scheiben. So hast du gleich große und formschöne Portionen.

Für Eis-Sandwiches lege die Eisscheiben zwischen Kekse oder – auch sehr lecker! – frische Waffeln.

So findet jeder sein Glas wieder. Das spart nicht nur Abwasch, sondern schont auch die Umwelt.

Personalisierte Gläser

176

Beschichte die Füße der Weingläser mit Tafellack. Auf der Party kann jeder Gast mit Kreide seinen Namen auf das Glas schreiben.

177
Teig-Schüsseln

Auf einer umgedrehten Muffinform kannst du Teigfladen zu kleinen Schüsselchen backen, die mit Salat oder Taco-Zutaten befüllt werden können.

Für 12 Förmchen aus 500 g Mais-mehl, 190 ml Wasser, 3 EL Öl, 1 TL Backpulver und 1 TL Salz einen geschmeidigen Teig kneten. In Klar-sichtfolie wickeln und 30 Minuten im Kühlschrank ruhen lassen, dann 12 gleich große Kugeln formen und auf einer bemehlten Arbeitsfläche dünn ausrollen. Bei 180°C ca. 10–15 Minu-ten backen, bis sie goldbraun sind.

178
SNACK-TÜTEN

Rolle ein A5-großes Blatt Papier spitz
zusammen, sodass eine Tüte entsteht,
und fixiere diese mit Klebeband.

Etwa 2 cm große Löcher im
Deckel eines Pappkartons
ermöglichen ein einfaches Befüllen und Servieren der Tüten,
ohne dass diese umfallen.

Schoko-Kiwi-Lollies

179

Kiwischeiben auf Eisstiele stecken und mit Kuvertüre überziehen.

Klappt auch mit anderem Obst, wie Bananenscheiben oder Erdbeeren.

Party-Brot

180

Schneide einen Brotlaib an der Oberseite tief ein. Fülle die Zwischenräume mit etwas Butter, Käsescheiben und Frühlingszwiebeln und backe das Brot bei 180 °C im Backofen, bis der Käse geschmolzen ist.

Der Käse und die Butter sollten etwas tiefer im Brotlaib stecken, damit man die Käse-Brot-Stifte nachher an der Kruste herausziehen kann.

181 BALLON-VASEN

Für eine farbenfrohe Minivase schneide das
Mundstück vom Luftballon ab und stülpe den
Ballon von unten über ein Schnapsglas.

Für große Gläser brauchst du große
Luftballons. Puste den Ballon einmal
auf, bevor du ihn zerschneidest, dann
ist er flexibler.

Helium gibt's im Ballonzubehör in kleinen Einweg-Dosen.

182

HEISSLUFT-MUFFIN

Für diesen schnellen Geburtstagskuchen befestige Geschenkband seitlich an einem Helium-Luftballon. Dann das Geschenkband am Papier des Muffins befestigen.

183
Becherbox

Einen Pappbecher gleichmäßig am oberen Rand einschneiden und umfalten. Die Streifen untereinander stecken. Fertig ist die kleine Geschenkbox.

Schneide den gefalzten Rand vorher ab. Die Länge der Einschnitte entspricht der Hälfte des Becherdurchmessers.

Mit bunten Streuseln sehen die Löffel noch mehr nach leckeren kleinen Kunstwerken aus. Die Streusel auf die flüssige Schokolade geben.

184 PARTY-LÖFFEL

Schmelze Schokolade langsam im Wasserbad und gieße sie in geschmolzenem Zustand vorsichtig in Plastiklöffel. Im Kühlschrank zwei Stunden aushärten lassen.

185
Flaschen-
Kerzenständer

Leere Weinflaschen eignen sich
hervorragend als dekorative
Kerzenständer.

Besonders hübsch sieht es aus, wenn
mit der Zeit das Wachs mehrerer
Kerzen an den Flaschen heruntergelaufen ist.

186 Muffin-schirmchen

Durchbohre Muffinförmchen von unten mit Strohhalmen und nutze sie als Insektenschutzschirme für Getränke.

Auf die Schirmchen können die Gäste ihre Namen schreiben und somit ihre Gläser markieren.

187

Stapelchips servieren

Genuss ohne Krümel und eingezwängte Hände.

Ein der Länge nach gefaltetes und halb-rund gebogenes Blatt Papier in eine Dose Stapelchips hineinschieben. Dann die Dose kippen und die Chips auf dem Papier herausziehen.

188 Dosengrill

Für einen improvisierten Grill mit einer Drahtschere eine Dose an den Seiten einschneiden und die Streifen nach außen biegen. Alufolie darüber legen und mittig die Kohle einfüllen.

Ohne Grillrost eignet sich die Dose auch als kleine Feuerschale für laue Sommernächte.

Riesen-mülleimer

Bei Partys kannst du Wäschekörbe als große Müllbehälter verwenden. Einfach einen großen Müllsack hineinstecken.

Mülltrennung nicht vergessen und mehrere Körbe mit großen Schildern anbieten, zum Beispiel auch einen Pfandkorb für Getränkeflaschen.

190

LEITERBAR

Mit einer Doppelsprossen-Leiter und einigen Brettern lässt sich schnell ein Regal errichten. Darauf kannst du Snacks und Getränke für eine (Garten-)Party bereitstellen.

Alte Holzleitern bieten dem Betrachter einen besonders rustikalen Charme.

Herbst und Halloween

Feuchte Schuhe
trocknet man
mit Zeitungspapier.

191 Laubsammler

Kehre das Laub auf ein großes Stück Plane. Wenn du fertig bist, kannst du die Plane zusammenraffen und alles auf den Kompost werfen oder in einen Beutel umfüllen.

So sparst du dir viel Bücken und Lauferei.

192
Regenpicknick

Du brauchst einen Aktenkoffer, ein großes Landschaftsfoto, ein Stück Rollrasen sowie Snacks und Getränke. Bild und Rasen in den Aktenkoffer kleben und die Köstlichkeiten platzieren.

So kannst du auch am trübsten Regentag ein romantisches Indoor-Picknick machen. Gelingt auch mit einem Picknickkorb.

Du kannst die Wachshälften auch mit kleinen Stücken von alten Kerzen füllen und das Wachs in der Nuss-schale in der Mikrowelle schmelzen.

193

KERZEN-SCHIFFCHEN

Bienenwachs in eine alte Dose geben und im Wasserbad bei niedriger Temperatur schmelzen. Das Wachs in Walnuss-schalen füllen und ein Stück Kerzendocht in das noch flüssige Wachs hineinstecken. Die Walnussschiffchen schwimmen auf dem Wasser.

APFEL-TEE

Befülle einen kleinen Topf mit Apfelschalen und übergieße diese mit Wasser, sodass sie gerade eben bedeckt sind. Koche die Schalen auf und lasse sie noch 8–10 Minuten auf ausgeschalteter Herdplatte ziehen.

194

Du kannst den Tee mit Zitrone, Zimt, Nelken, Honig oder Kandis verfeinern.

FEUCHT

TROCKEN

Kiefernzapfen öffnen sich bei trockenem Wetter, das Holzspießchen geht nach unten. Bei feuchtem Wetter schließt sich der Zapfen, das Spießchen geht nach oben.

195

Kiefernzapfen-
Wetterstation

Klebe bei Zimmertemperatur mit Heißkleber einen Zahnstocher auf eine der Schuppen des Zapfens. Der Zapfen darf noch nicht ausgetrocknet sein. Dann eine halbrunde Skala auf ein Blatt zeichnen und hinter den Zapfen stellen. Fertig ist der Luftfeuchtigkeitsmesser (Hygrometer).

196 Abtropfwanne

Eine flache Wanne mit Kieselsteinen gefüllt, nimmt
Regen- und Tauwasser unter den Winterstiefeln auf.

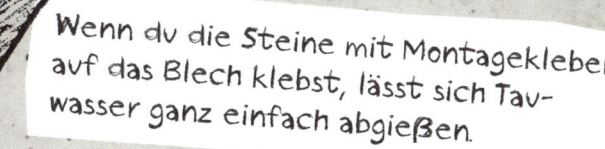

Wenn du die Steine mit Montagekleber
auf das Blech klebst, lässt sich Tauwasser ganz einfach abgießen.

197

Futterflasche

Aus einer Kunststoffflasche und einigen Holzlöffeln lässt sich im Handumdrehen ein Futterspender für Vögel basteln. Löcher mit einem Cutter einschneiden und die Löffel vor dem Befüllen der Flasche durchstecken.

Eine gierige Vogelmeute vor dem Balkonfenster kann spannender als so manches TV-Programm sein.

TROCKEN- 198
BESCHLEUNIGER

Feuchte Schuhe trocknen schneller, wenn du sie mit
Zeitungspapier ausstopfst.

Das Zeitungspapier in
Küchenpapier einwickeln
(wegen der Drucker-
schwärze) und die Schuhe
nicht an die Heizung stellen
oder föhnen. Das macht das
Material brüchig.

Aus dem Fruchtfleisch lassen sich köstliche Suppen und Kompott anfertigen, die du auch in der Schüssel servieren kannst.

199 Kürbisschüssel

Schneide die obere Hälfte des Kürbisses ab und entferne das Fruchtfleisch mit einem Löffel. Die ausgehöhlte Kürbishälfte kannst du zu Halloween als Snackschale verwenden.

200
Kürbislaterne

Mit einem Gummihammer und Keksförmchen kannst du Formen
aus Kürbissen ausstechen, um eine dekorative Laterne herzustellen.
Den Kürbis zuerst aushöhlen, dann ans Verzieren gehen.

Funktioniert im
Sommer auch mit
Wassermelonen.

201
Gruselhandtuch

Ein gruseliger Partystreich: Streiche dir mit roter Speise-
farbe oder Kunstblut die Handflächen ein und wische
sie vorsichtig über ein helles Handtuch. Nun lass das
Handtuch trocknen. Deine Gäste werden sich schaudern!

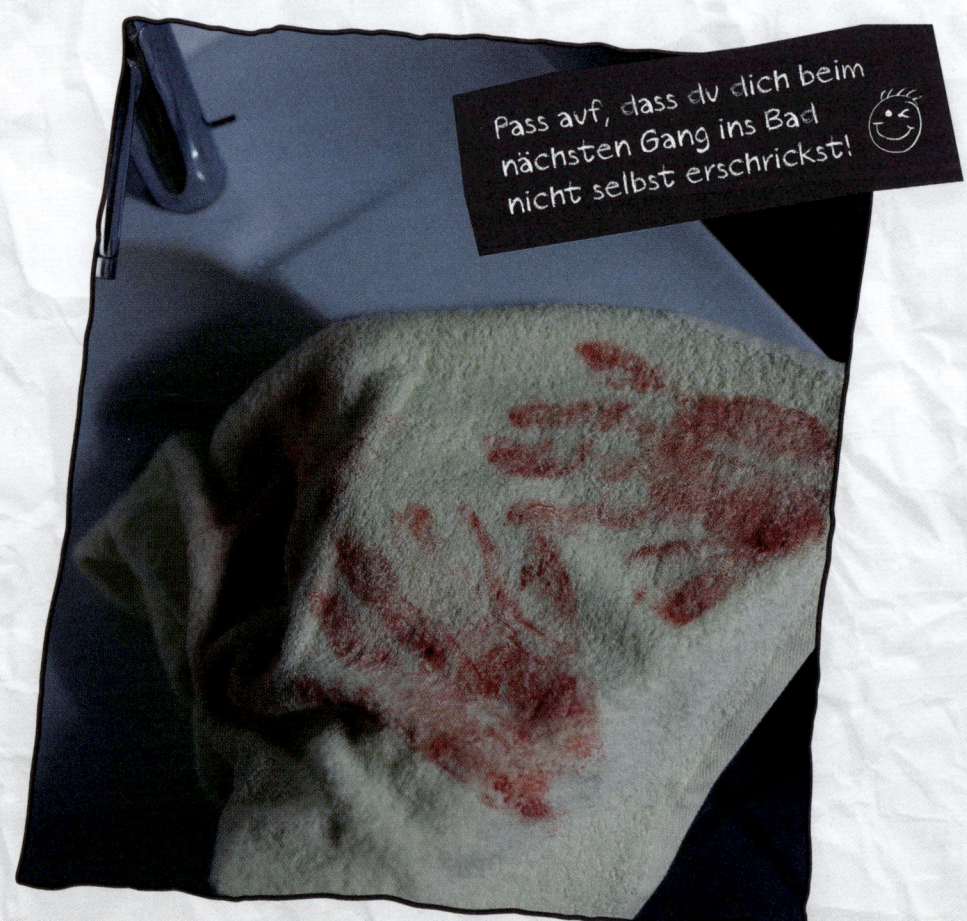

Pass auf, dass du dich beim nächsten Gang ins Bad nicht selbst erschrickst!

202

HALLOWEEN-KERZEN

Weiße Kerzen mit rotem Wachs beträufelt geben eine schaurig-schöne Halloween-Dekoration ab.

Mit Nadeln oder Nägeln kannst du den Kerzen zusätzlich einen Voodoo-Look verpassen.

STERNENHIMMEL-
⚫203 DOSE

Stich mit einem Nagel von außen Löcher in eine Dose.
Stelle anschließend ein Teelicht oder eine Kerze in die
Dose und bringe die Sterne zum Leuchten.

Du musst die Löcher nicht zufällig in die Dose stechen.
Bau doch ein paar Sternenbilder mit ein. Eine gezeich-
nete oder ausgedruckte Vorlage kannst du mit Klebefilm auf der Dose befestigen.

204

HALLOWEEN-LEUCHT-AUGEN

Schneide zwei Augenöffnungen in eine leere Klo- oder Küchen-krepprolle und lege ein angebrochenes Knicklicht in die Rolle. Versteckt im Gebüsch oder in einer Hecke sieht es bei Nacht aus, als würde ein großes Tier an der Stelle lauern.

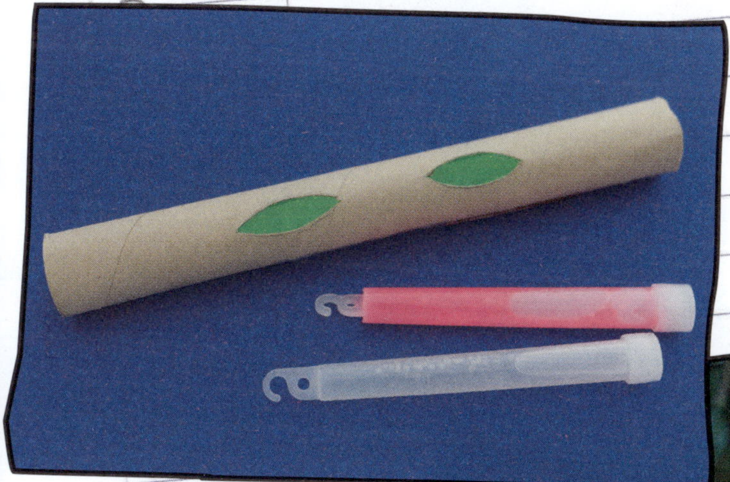

Mehr „Tiere" in den Büschen – mehr Grusel.

Wähle eine Stelle, an der das Schild nicht abfallen kann.

205
Bitte zurück an...

Befestige ein Schild mit deiner Telefonnummer
oder E-Mail-Adresse an deinem Regenschirm.
Wenn du ihn einmal vergisst, können ehrliche
Finder dich erreichen.

Karamellcreme

So wird aus gezuckerter Kondensmilch leckere Karamellcreme (Dulce de leche): Stich zwei Löcher oben in die Dose und koche die Dose bei mittlerer Hitze für zwei Stunden. Achte darauf, dass die Dose immer 2 cm unter dem Rand im Wasser steht, ggf. heißes Wasser nachfüllen. Die Dose nach dem Kochen mit einer Küchenzange aus dem Wasser heben und auskühlen lassen.

Wenn du die Kondensmilch nur in der Tube bekommst, fülle den Inhalt in ein Marmeladenglas und verfahre wie oben beschrieben. Schmeckt lecker zu Eis.

Herbst & Halloween

Ein Stück Kaffeefilter
im Blumentopf
verhindert, dass
Erde aus dem
Drainageloch rieselt.

Wohnen

und

Leben

Kabelhalter

Kabel lassen sich mit Vielzweckklammern an der Tischkante oder an Regalbrettern befestigen und sind damit sofort griffbereit.

Es gibt auch große Vielzweckklammern für dickere Tischplatten.

208

Kaffeewecker

Am Rand eines Papp- oder Plastikbechers einen kleinen Pfeil aufmalen. Auf einen zweiten Becher rundherum am Rand Uhrzeiten
schreiben. Den ersten auf den zweiten Becher stecken. So lässt sich
die Uhrzeit markieren, wann der Kaffee gekocht wurde.

 Diese Becheruhr lässt sich
auch für die Markierung
anderer Uhrzeiten oder
Ereignisse einsetzen.

CD-Verpackung

Mit wenigen Handgriffen kannst du aus einem Blatt Papier eine CD-Hülle falten.

Wohnen & Leben

1 Die Kanten auf CD-Breite nach innen falten.

2 Die oberen Ecken umklappen. Die Unterkante in halber CD-Höhe nach oben falten.

3 Den Umschlag in den Schlitz stecken.

4 Fertig!

USB-Sticks lassen sich noch einfacher in Papier einwickeln.

Und wenn man(n) das Glätteisen schon in der Hand hat: Wie wäre es mit einer neuen Frisur?

210

KRAGEN GLÄTTEN

Mit einem Glätteisen kann man nicht nur Haare, sondern auch schrumpelige und verbogene Hemd- und Blusenkragen glätten.

211 Kabelbruch vermeiden

Die Feder eines Kugelschreibers hilft zu verhindern, dass dünne Kabel am Stecker zu stark beansprucht werden.

Die übrig gebliebene Kugelschreiber-Hülle lässt sich zu einem Ungeziefer-Lasso umfunktionieren (siehe Seite 280).

KARTENHALTER

Mit einer Metallfeder kannst du Postkarten und
Briefe auf dem Schreibtisch aufstellen.

Je größer der Gegen-
stand, desto größer
muss die Feder sein.
Kugelschreiberfedern
eignen sich für Visiten-
karten.

Auch andere Geräte mit Kopfhörerausgang lassen sich so zuverlässig ruhigstellen.

213
Mucksmäuschenstill

Ein Smartphone ist absolut lautlos, wenn man an den Kopfhörereingang einen abgeschnittenen Klinkenstecker von einem ausrangierten Kopfhörer einsteckt.

Handyständer

So baust du aus fünf Stiften und vier Gummibändern eine kleine Halterung für das Smartphone.

Wohnen & Leben

Auf der Mini-Staffelei lassen sich auch kleine Bilder präsentieren.

215
Klammerleine

Fädle Wäscheklammern durch ihre Metallfeder auf eine Schnur auf. Die Schnur kannst du an die Wand hängen oder quer durch den Raum spannen und Visitenkarten, Fotos, Notizen oder kleine Gegenstände griffbereit daran hängen.

Mit Bastelfarbe oder Deko-Klebeband aus dem Hobby- oder Schreibwarenladen kannst du den Wäscheklammern Farbe verleihen.

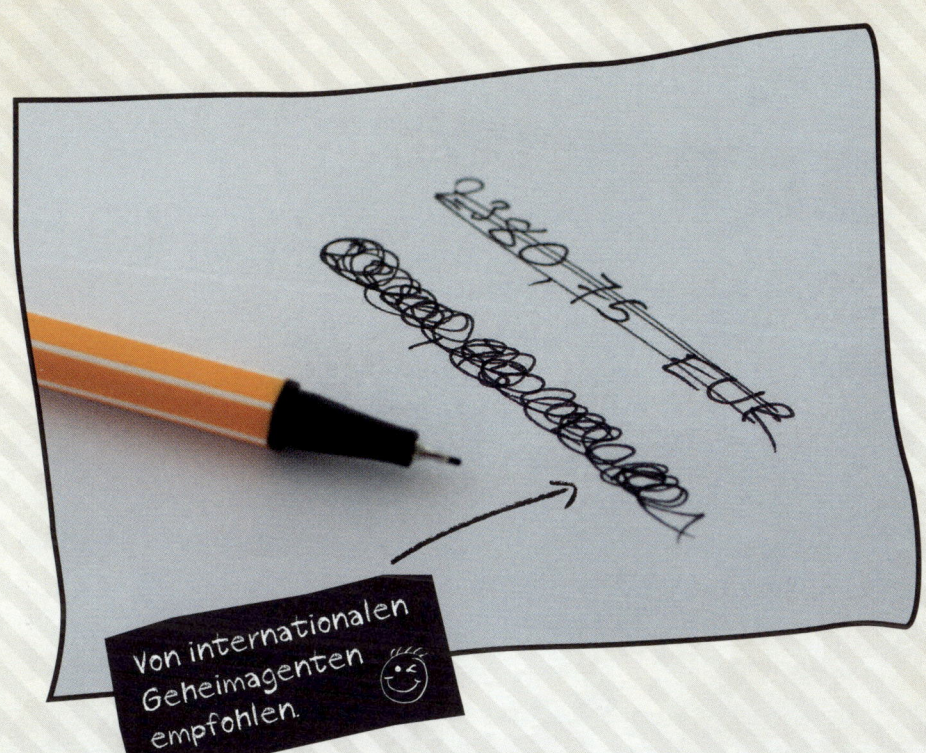

Unleserlich

216

Um eine Notiz unkenntlich zu machen, schreibe mehrfach zufällige Buchstaben darüber oder male Kringel.
Die Notiz ist deutlich schwieriger zu entziffern als
durchgestrichener Text.

217 Raus mit dir!

Stelle eine Playlist zusammen, deren Gesamtdauer so lang wie die Zeit ist, die dir morgens zur Verfügung steht. Beginne mit ruhigen Liedern und lasse zunehmend energetischere Songs folgen.

Mit der Zeit entwickelst du ein Gespür dafür, wie viel Zeit du noch hast.

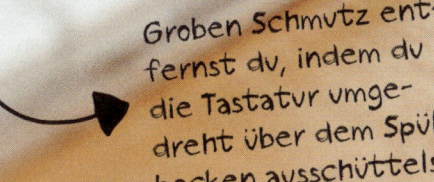

Wohnen & Leben

Groben Schmutz entfernst du, indem du die Tastatur umgedreht über dem Spülbecken ausschüttelst.

218 STAUBFÄNGER

Mit einer Haftnotiz kannst du Staub und Krümel zwischen den Tasten einer Tastatur hervorholen.

219 Sockenglas

Stülpe eine hübsche, bunte Socke um ein Glas,
um einen dekorativen Stiftebehälter zu erhalten.

So kannst du ver-
einsamte Socken
einem neuen
Zweck zuführen.

Motivationshilfe

Platziere kleine Süßigkeiten auf den Absätzen eines schwierigen Textes. Wenn du den Absatz gelesen hast, darfst du naschen.

Verwende nur Süßigkeiten, die keine Spuren auf dem Papier hinterlassen.

Lesepfeil

Wohnen & Leben

221 Schneide einen Pfeil aus Pappe oder Kunststofffolie aus und klebe ihn auf eine Büroklammer. Fertig ist das zeilengenaue Lesezeichen.

Auch die Position einer notwendigen Unterschrift auf Dokumenten lässt sich durch den Pfeil markieren.

Büromaterial-lager

Ein Gewürzregal auf dem Schreibtisch eignet sich zur Organisation von kleinen Büroartikeln.

Auch in der Küche lassen sich neben Gewürzen kleine Gegenstände, wie Verschlüsse oder Gummibänder, darin aufbewahren.

223 ORDNUNG IM ROLLCONTAINER

Aus leeren Müslikartons lassen sich praktische Einlegefächer für Schubladen basteln.

So verrutscht selbst in tiefen Rollcontainer-Schubladen nichts mehr.

Auch vor dem Fernse-her lassen sich während deiner Lieblingssendung ein paar Kilometer zu-rücklegen.

224 Jobfit

Kombiniere ein Tablett mit einem Heimtrainer, um Körper und Geist gleichzeitig zu trainieren. Um den Griff gebundene Socken sorgen dafür, dass das Tablett nicht abrutscht.

225 Visitenkartenhalter

Loche Visitenkarten an der Ecke und fädele sie auf einen Schlüsselring auf.

Mit Karteikarten lässt sich nach dem gleichen Prinzip ein individueller Notizblock herstellen.

In Japan heißt der Steingarten „Kare-san-sui", das Harken dient der Meditation und Entspannung.

226
Mini-Zen-Garten

Fülle Bastelsand in einen breiten Bilderrahmen. Lege nun Steine in den Sand und harke mit einer Gabel oder einem Rückenkratzer (Abbildung) vorsichtig um die Steine.

ESELSBRÜCKE

Zähle die Anzahl der Tage eines Monats an den Erhöhungen und Vertiefungen deiner Fingerknöchel ab. Erhöhungen haben 31, Vertiefungen 30 Tage (außer der Februar mit 28 oder 29 Tagen).

Funktioniert auch an nur einer Hand, wenn du ab August wieder von vorn beginnst.

228
Laptop-Hitzeschutz

Laptops können leicht überhitzen, wenn die abgegebene Luft nicht einwandfrei entweichen kann. Zum Kühlen eines Laptops stelle ihn einfach auf einen Eierkarton.

Wegen eines möglichen Luftstaus sollte man es auch vermeiden, Laptops auf einem Kissen oder einer Decke auf dem Schoß zu haben.

Fließband-Verumschlagung

Ein Schälchen mit Wasser, ein Stückchen Schwamm und ein Gummiband helfen dir, wenn du eine große Zahl an Umschlägen verschließen musst.

Deine Zunge wird dir sehr dankbar sein.

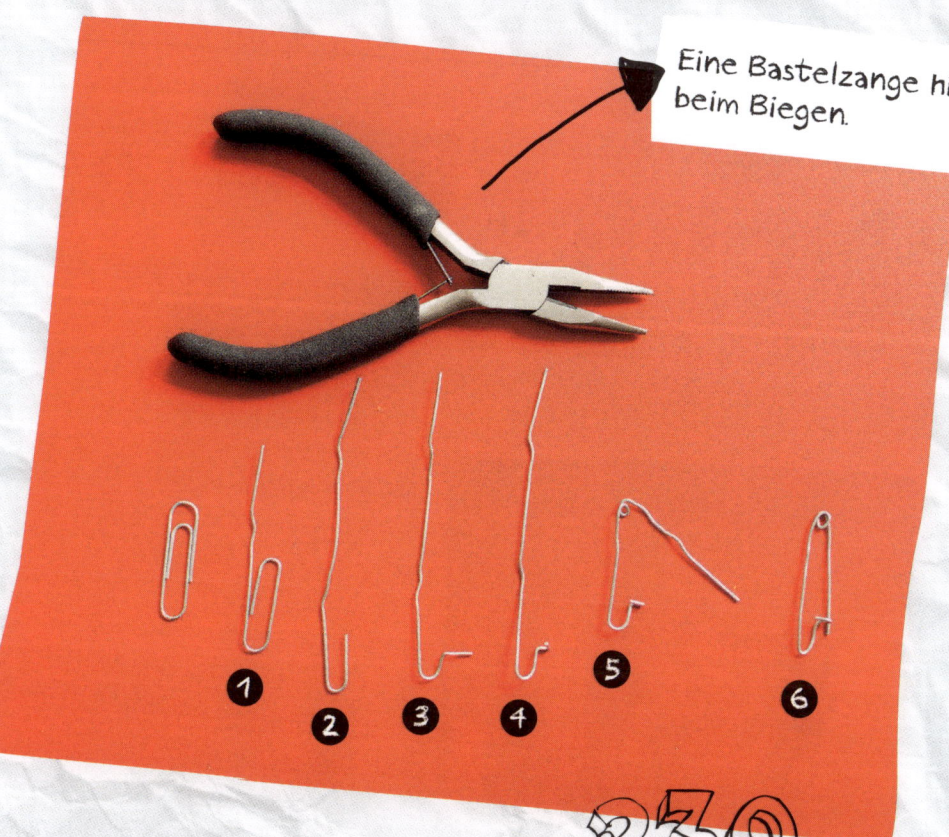

Eine Bastelzange hilft beim Biegen.

230
SICHERHEITS-KLAMMER

Eine handelsübliche Büroklammer kannst du mit wenigen
Handgriffen zu einer Sicherheitsnadel verbiegen.

1 Nach oben...

2 ...dann nach unten biegen.

3 Das kurze Stück mittig zur Seite biegen.

4 Die Hälfte davon aufstellen...

5 ...und zur Schließe flach nach unten drücken.

6 Den Draht unterhaken.

Neue Füße

Abgebrochene Tastaturfüße kannst du durch
Teile von Vielzweckklammern ersetzen.

So lässt sich auf einfache Art die Ergonomie am Arbeitsplatz verbessern. Ab und zu eine Pause machen, aufstehen und die Hände ausschütteln trotzdem nicht vergessen!

232 Tassen-wärmer

Das Gitter von einem PC-Lüfter mit Muttern und vier Stift-schrauben zusammensetzen. Ein Teelicht darunterstellen – fertig ist das Stövchen im Tassenformat.

Vorsicht, Verbrennungsgefahr! Durch das Teelicht wird das Stövchen sehr heiß. Um Brand-flecken zu vermeiden, stelle das Stövchen auf eine Untertasse.

233 DINGE VERLEIHEN

Mache ein Foto mit der Person und dem Gegenstand, den du ihr ausleihst. Auf diese Weise erinnern sich alle Beteiligten daran.

Grundsätzlich sollten Vertrauen und ein gutes Erinnerungsvermögen die Basis des Verleihens sein.

Du kannst mit Nagellack auch andere kleine Flächen streichen. Spart den Kauf von Farbdosen.

234
Bunte Schlüssel

Lackiere die Griffe deiner Schlüssel mit verschiedenfarbigem Nagellack, damit du sie unterscheiden kannst.

235
Bettnudel

Damit die Kleinsten nicht im Schlaf aus dem Bett rollen, eine Schwimmnudel als Barriere unter dem Spannbettlaken platzieren.

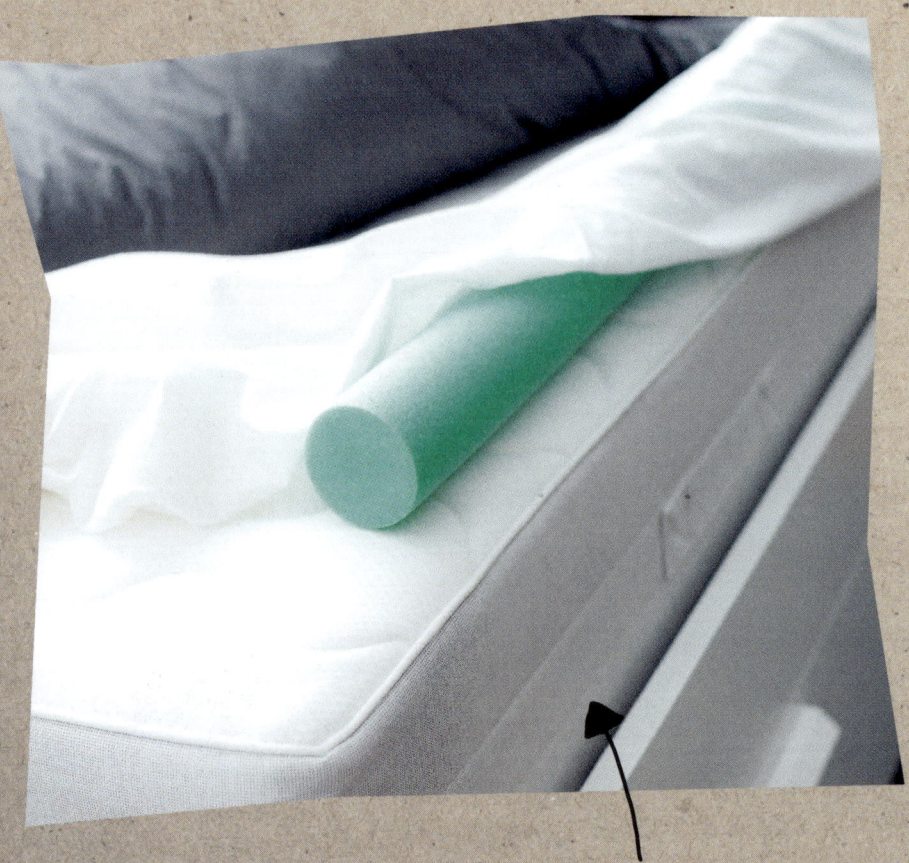

Mit weiteren Schwimmnudeln und Kissen lässt sich ein kuscheliges Nest bauen.

Kassetten waren die CDs der Schallplatten- generation.

236
Handyhalter

Eine leere Kassettenhülle eignet sich als Halter für das Smartphone oder einen MP3-Player.

237
NAGELSCHONER

Alle Fingernägel flüstern: „Danke!"

Mit einem Tackernadel-Enthefter kannst du
Schlüsselringe bequem aufbiegen.

Streichholz-verlängerung

Eine schwer erreichbare Kerze oder ein kurzer Docht lassen sich mit einer angezündeten Spaghetti-Nudel entzünden, ohne dass du dir die Finger verbrennst.

Die Finger bleiben unversehrt, leichtes Naserümpfen lediglich wegen des Geruchs nach verkohltem Nudelteig.

239
In Griffnähe

Mit selbstklebendem Klettband lassen sich Fernbedienungen griffbereit und platzsparend an der Seite der Couch oder des Couchtisches befestigen.

Als Zweitgerät ist das Smartphone auf dieselbe Weise greifbar.

240
Sicher eingehakt

Wenn sich der Reißverschluss deiner Hose ständig von selbst öffnet, fädle einen Schlüsselring durch das Griffstück und hänge den Ring nach dem Verschließen über den Hosenknopf.

Mit diesem Trick verlängert sich die Lebensdauer der Lieblingshose außerordentlich.

Sind an der Rückseite des Koffers Kunststoffschienen angebracht, kannst du den Koffer auf den Treppenstufen hinuntergleiten lassen. Die Treppe, wenn notwendig, mit großen Pappen schützen.

241
Umzugshelfer

Bei einem Umzug helfen Rollkoffer dabei, besonders schwere Dinge, wie Bücher, zu transportieren.

242 Bürstenhalter

Spanne Gummibänder in einem Wabenmuster über ein Glas. Fertig ist der Zahnbürsten-Halter, in dem sich die Bürsten nicht berühren.

Damit die Gummibänder nicht vom Glas rutschen, befestige sie mit einem zusätzlichen Gummiband, welches du oben um den Rand des Glases spannst.

Um Falten zu vermeiden, hänge deine Wäsche nach dem Waschen sofort auf einen Bügel.

243 Faltenkiller

Faltige Kleidung lässt sich im Trockner mit einigen Eiswürfeln in nur fünf Minuten glätten.

244 Saugzopf

Pferdeschwanz machen mal anders: Streife einen Haargummi über das Staubsaugerrohr. Den Staubsauger auf eine niedrige Wattzahl stellen und die Haare ins Rohr saugen. Den Haargummi über die Haare streifen – fertig!

Geschwindigkeit: 1*. Hygiene: 2*.

TASCHENTUCH-MÜLLEIMER

Eine leere Schachtel von Einwegtaschentüchern an eine volle kleben. Benutzte Taschentücher kannst du so gleich entsorgen.

Wohnen & Leben

Das verhindert an verschnupften Tagen, dass Taschentücher herumliegen.

Bei etwas zu großen Schuhen probiere es mit halben oder ganzen Einlegesohlen und Gelpolstern für die Fersen.

246
Schuhe weiten

Zu enge Schuhe kannst du weiten, indem du drei Paar (dicke) Socken anziehst und die Schuhe mit einem Föhn erwärmst.

Bei Türen, bei denen Türgriff und Schnapper nicht auf einer Höhe sind, kannst du dich mit Malerband behelfen.

247

Gummiband-sperre

Nutze ein breites Gummiband, damit eine Tür beim Zufallen nicht schließt.

248
Türnudel

Ein Stück von einer Schwimmnudel längs aufschneiden und an der Tür befestigen.

So sind auch bei einem Windzug
kleine Kinderhände vor einer
zuschlagenden Tür geschützt.

Wohnen & Leben

249 PARK-ASSISTENT

Hänge von der Decke der Garage einen Tennisball an einem Faden auf, der die Windschutzscheibe deines Wagens berührt, wenn du weit genug hineingefahren bist.

Um den Faden zu befestigen, mache einen dicken Knoten in das Fadenende. Schneide einen Schlitz in den Tennisball und stecke den Knoten hinein.

250

SCHLÜSSEL-VERSTECK

Den Ersatzschlüssel für die Haustür in ein kleines Döschen oder Schraubglas legen. Den Deckel mit einem Tannenzapfen bekleben. Dann das Döschen einbuddeln, sodass nur der Zapfen herausschaut.

Den Deckel kannst du auch mit einem Stein oder anderen Gegenständen bekleben, falls keine Tanne in der Nähe ist.

In der Hülle lassen sich kleine Gegenstände unterbringen.

251 Bilderrahmen mit Versteck

Alte Hüllen von VHS-Kassetten kannst du an der Wand befestigen und als Bilderrahmen benutzen.

252 Stuhlsocken

Als Parkett- und Laminatschutz ziehe Babysöckchen über die Stuhlbeine.

Handarbeitsbegabte können auch kleine Stuhlsöckchen häkeln oder stricken.

253
Bilderhaken

Dosenringe eignen sich zum Aufhängen von Bildern.

Mit zwei Dosenringen, links und rechts am Bild, hast du mehr Kontrolle darüber, ob das Bild gerade hängt.

Mit ein wenig Sprühlack passt sich die Kastenreibe jeder Umgebung an.

254
Schmuckständer

Eine ausrangierte Kastenreibe lässt sich zu einem dekorativen Schmuckständer umfunktionieren.

Die Früchte nicht zu lange stehen- lassen, sondern von Zeit zu Zeit ersetzen.

255

Gesunde Kerzenhalter

Ausgehöhltes Obst eignet sich als dekorativer Kerzenständer, der zudem einen angenehmen Duft verbreitet.

256 Kaffeefilter im Blumentopf

Ein Stück Kaffeefilter unten im Blumentopf verhindert, dass Erde aus dem Drainageloch rieselt. Überschüssiges Wasser kann dennoch entweichen.

Der Kaffeefilter ist kompostierbar und löst sich mit der Zeit von selbst auf.

257
Deko-Regal

Zeitschriftenhalter seitlich gedreht in eine Zimmerecke schrauben. Etwas unterhalb der gewünschten Oberkante Löcher vorbohren und beim Festschrauben Unterlegscheiben verwenden, damit die Löcher nicht ausreißen.

Schnell angebracht: Befüllbare Eckregalbretter mit schwungvoller Form.

Blumentopf-Stange

Eine stabile Metallstange (ausrangierte Gardinenstange) senkrecht in die Erde stecken. Dann Blumentöpfe versetzt auffädeln. Mit Erde befüllen und bepflanzen.

Wohnen & Leben

Am Balkongeländer die Metallstange mit Kabelbindern befestigen. Rankende Gewächse können die Metallstange zudem als Kletterhilfe nutzen.

KLOROLLEN-LUFTERFRISCHER

259

Einige Tropfen ätherisches Öl von innen auf die Pappe einer Toilettenpapierrolle getropft, sorgen für anhaltenden Duft in Bad und WC.

Durch die Reibung der Papprolle am Toiletten-papierhalter wird immer wieder ein wenig Duft freigesetzt.

260 Wanderlektüre

Zeitungen oder Zeitschriften lassen sich platzsparend mit einem Kleiderbügel aufhängen

So kann die Lektüre beliebig umplatziert werden und ist immer griffbereit.

Aufgepasst: Selbst kürzlich verstorbene Wespen besitzen noch ihren Stich-Reflex!

261
Ungeziefer-Lasso

Nimm einen dünnen Faden doppelt und fädle ihn durch eine leere Kugelschreiber-Hülse. Das gelingt leichter, wenn du ein Stück Draht zu Hilfe nimmst. Auf einer Seite entsteht eine Schlinge, die du auf der anderen Seite festziehen kannst. So lassen sich tote Fliegen und andere Insekten greifen, ohne dass du diese berühren musst.

262
Notgroschen

Verstecke einen Geldschein für den Notfall
in der Hülle deines Handys.

Das Handy ist meistens dabei – und damit auch der Notgroschen.

263
Verpackungs-knacker

Widerspenstige Folienverpackungen lassen sich leichter öffnen, indem du je eine Münze vor und hinter der Aufreiß-naht platzierst und die Münzen gegen-einanderdrückst.

Für stärkere Plastik-Verpackungen gibt's den Dosenöffner-Trick (siehe Seite 26).

Befülle das Glas stets mit dem Gedanken: Über was würde ich mich als Gast freuen?

264 FÜNF-STERNE-SERVICE

Stelle deinen Gästen Proben von Kosmetik und Seifen in einem großen Glas zur Verfügung.

265 RUTSCH-SICHERUNG

Ein breites Gummiband um ein Netzteil gewickelt hindert es am Herunterrutschen vom Tisch.

Mehrere Gummibänder überkreuz dienen zusätzlich als Stoßdämpfer, falls das Netzteil doch einmal vom Tisch rutschen sollte.

Die Schwimmnudel mit einem Cutter halbieren und mit doppelseitigem Klebeband an der Wand befestigen.

Garagenwand- 266 Gummierung

Eine halbe Schwimmnudel an der Garagenwand schützt die Pkw-Tür beim Öffnen.

Anfangsmarkierung

Befestige eine Büroklammer oder
einen Brotbeutel-Clip am Klebe-
bandanfang, dann findest du ihn
beim nächsten Mal sofort.

Wohnen & Leben

Wenn du gerade keinen Gegenstand zur Hand hast, kannst du
das Ende des Klebebandes auch
einfach umfalten.

268
Saubere Ränder

Spanne ein breites Gummiband über die Öffnung eines Farbglases oder einer Farbdose, dann kannst du daran den Pinsel abstreifen, ohne den Rand zu beschmieren.

Ein genialer Trick. Vorausgesetzt, man bekommt nach dem Streichen das Gummiband wieder unfallfrei vom Gefäß herunter.

Wohnen & Leben

269
Rollenhalter

Leere, aufgeschnittene Klopapierrollen eignen sich,
um Geschenkpapier zusammenzuhalten.

Auch aufgerollte
Zeichnungen oder
Poster kannst du
auf diese Weise
platzsparend ver-
wahren.

270 Kabelknoten

Kabel und Verlängerungskabel kannst du mit einer einfachen Schlaufe davor bewahren, sich bei leichtem Zug voneinander zu trennen.

Übertreibe es mit der Belastbarkeit des Knotens aber nicht. Bei starkem Zug könnte das Kabel beschädigt werden.

Wohnen & Leben

271
Praktische Nuss

Kratzer und Schrammen in Holzmöbeln lassen sich mit einem Walnusskern wegrubbeln.

Das funktioniert nur bei kleinen, nicht sehr tiefen Schrammen.

272
Daumenschoner

Mit einer Wäscheklammer kannst du deine Finger
beim Einschlagen eines Nagels schützen.

Dieser Trick hilft auch,
den Nagel besonders
gerade einzuschlagen.

Auf diese Weise kannst du auch mehrere Nägel in gleichmäßigen Abständen platzieren.

273 Nagelhalter

Dünne Nägel kannst du mit einem Kamm halten, um die eigenen Finger zu schonen.

274

Bohrstaubfänger

Eine gefaltete Haftnotiz an der Wand kann den anfallenden Staub beim Bohren auffangen.

Nur bei kleinen, nicht sehr tiefen Löchern zu empfehlen.

Ein breites Gummiband zwischen Schraubenkopf und Schraubendreher erleichtert das Herausdrehen von Schrauben mit beschädigten Köpfen.

Wenn auch das nicht hilft, mit einer Mini-Kreissäge einen neuen Schlitz in den Schraubkopf fräsen und die Schraube normal herausdrehen.

276 Festhalter

Aus einem Tennisball wird ein lustiger Halter für Briefe, Schlüssel, Geschirrtücher und Kleidung. Mit einem Cutter einen Schlitz als Mund in den Ball schneiden. Durch die Öffnung den Ball an die Wand oder ein Möbelstück schrauben. Abschließend die Augen aufmalen oder Wackelaugen aufkleben.

> Vier Tennisbälle, in die jeweils ein Loch geschnitten wird, eignen sich als Stuhlbein-Schoner.

277

BATTERIETEST

Denk dran: Akkus sind in der Anschaffung zwar teurer als Batterien, sparen bei häufigem Gebrauch aber Geld und schonen die Umwelt.

Um zu testen, ob Batterien voll oder leer sind, lass sie auf den Tisch fallen. Wenn sie nach dem Aufprall nur einmal kurz hochspringen, dann sind sie geladen, wenn sie mehrfach hüpfen, sind sie eher leer.

Wohnen & Leben

278

BOHRSCHABLONE

Möchtest du etwas an der Wand aufhängen, das mehrere Aufhängepunkte an der Rückseite hat, mache eine Fotokopie von der Rückseite und verwende diese als Bohrschablone.

Du kannst direkt durch die Kopie bohren, wenn du diese mit Malerband in der richtigen Position an der Wand fixierst.

Verwende einen schönen Bilderrahmen für Einkaufslisten oder Botschaften.

279 Glasmaler

Whiteboard-Marker kannst du zum Beschriften von Glas verwenden. Die Notizen sind rückstandsfrei abwischbar.

Zahnpasta-markierung

Mit einem Klecks Zahnpasta lassen sich die Aufhängepunkte am Bilderrahmen markieren. Den Rahmen in der gewünschten Position an die Wand drücken. Dort, wo die Abdrücke der Zahnpasta sind, die Haken anbringen.

Bunte Zahnpasta funktioniert besser als weiße.

299

Wohnen & Leben

281
Wendepaket

Einen gebrauchten Karton entlang der Falzung in die entgegengesetzte Richtung falten, um einen sauberen, neuen Karton zu erhalten.

Die meisten Kartons sind von innen unbedruckt, warum also nicht ihr Innerstes nach außen kehren?

Einstecktasche

Vor dem Verpacken eines Geschenkes den Papierbogen im Zickzack falten, sodass eine breite Faltung entsteht (hier 5 cm). Dabei unten ausreichend Papier zum Einwickeln stehen lassen. Das Geschenk einwickeln und Glückwunschkarte, Foto oder Brief einstecken.

Zweifarbiges Geschenkpapier knapp umfalten, um eine gerade Kante zu erhalten, und dann einmal nach oben falten. So ist die andersfarbige Rückseite sichtbar.

283
HÄNGENDE GLÄSER

Befestige eine Magnetleiste (Küchenbedarf) unter einem Hängeschrank, dann kannst du Gläser mit Metalldeckeln anhängen.

Im Bad lassen sich Nagelfeile, Schere, Haarklammern und Pinzette an einer Magnetleiste aufbewahren.

284

Leuchtsteine

Mit Leuchtfarbe bemalte Kieselsteine sind
eine ungewöhnliche Gartendekoration.

Mit den Leucht-
steinen kannst du
einen Weg markieren.

Kühlschrank

285 tasten

Aus den Tasten einer ausgedienten Computer-
tastatur, Klebstoff und Magneten lassen sich
originelle Kühlschrankmagneten basteln.

Das Kleben geht ganz
schnell mit Sekunden-
kleber.

Funktioniert mit gebundenen Büchern ebenso wie mit Taschenbüchern.

286
SCHWEBENDE BÜCHER

Einen Metallwinkel mit Alles- oder Sekundenkleber an die Innenseite des hinteren Buchdeckels kleben und an die Wand schrauben. Nun können Dekorationen oder andere Bücher auf dem Bücherregal platziert werden.

287
Zeitschriftenladen

Alte Fensterläden oder eine Lamellentür sind ein ideales Ablagefach für Zeitschriften und Grußkarten.

Mit etwas Sprühlack lässt sich auch ein verwitterter Fensterladen in ein modernes Designerstück verwandeln.

Fleißige Sammler können sich eine Pinnwand aus Flaschenkorken zusammen-setzen.

288 KORKWAND

Eine dekorative und beliebig erweiterbare Pinnwand erhältst du mit Untersetzern aus Kork. Nach Belieben vor dem Anbringen mit Bastelfarbe bemalen.

239 Tackern ohne Tacker

Keinen Tacker zur Hand? So kannst du Papier auch ohne zusammenfassen.

1. Die Blätter an der Ecke umfalten und zweimal einschneiden.

2. Den eingeschnittenen Teil flachdrücken.

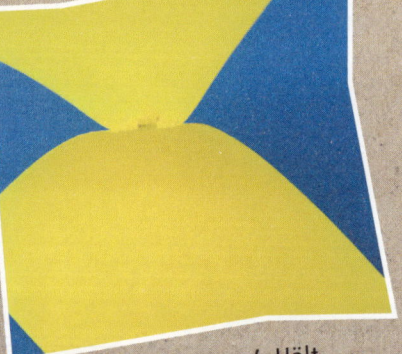

3. Dann die Laschen vorne und hinten zum Blatt falten.

4. Hält.

Der Trick funktioniert bei normalem Kopierpapier mit etwa bis zu vier Blättern.

Wohnen & Leben

Die Bastelei funktioniert ohne Klebstoff. Du kannst aber ein Trennfach in der Mitte einkleben.

Aus einem leeren Milch- oder Saftkarton lässt sich eine originelle Geldbörse basteln. Den Milchkarton zuschneiden. Alle Linien mit Lineal und Scherenspitze nachziehen und wie abgebildet vor bzw. zurück falten. Die Form zusammendrücken und mit der Verschlusskappe schließen.

Geheimversteck

Klappe ein altes Buch auf und schneide vorsichtig
mit einem Cuttermesser ein Rechteck aus jeder Seite.
So erhältst du ein praktisches Geheimversteck.

Um die Seiten zu verkleben, trage Leim
auf der Innenseite des Geheimfaches auf.

Backzubehör, Stifte und andere Utensilien sind griffbereit und dekorativ untergebracht.

292 **Magnet-Container**

Mit einem Tropfen Sekunden- oder Alleskleber Magnete an der Rückseite von Blechdosen befestigen und an der Magnettafel oder dem Kühlschrank befestigen.

293
Schraubenfest

Um durchdrehende Schrauben im Holz zu fixieren, die lockere Schraube entfernen, einige Zahnstocher(stücke) in das Bohrloch stecken und die Schraube wieder einschrauben.

Das Gewinde der Schraube frisst sich in das Holz der Zahnstocher, diese werden nach außen gedrückt und die Schraube hält wieder fest.

Mehr Aufhängemöglichkeiten erhältst du, wenn du mehr Stäbe verwendest.

294
GARDEROBEN-STÄNDER

Ein paar Vierkanthölzer (hier 2 Meter lang), etwas Draht und ein Schal genügen, um diesen Garderobenständer zu errichten. Die Hölzer aufstellen, eng mit Draht umwickeln und den Schal umbinden.

295 FARBRESTE ADE!

Lege die Farbwanne vor dem Gebrauch eng mit Alufolie aus. Nach dem Streichen kannst du die Folie mitsamt der Restfarbe entsorgen.

So lässt sich die Farbwanne beliebig oft und mit unterschiedlichen Farben wiederverwenden, ohne dass du sie putzen musst.

296

IM LOT

Um Bilderrahmen mit zwei Haken aufzuhängen, miss mit Malerband oder Papier-Klebeband die Länge zwischen den Löchern ab. Dann mit der Wasserwaage einen Bleistift- strich in der gewünschten Höhe ziehen und das Maler- band auf den Strich kleben. An den Bandenden die Löcher bohren.

Löcher anzeichnen
funktioniert auch mit
Zahnpasta (siehe Seite 299).

Winter

und

Weihnachten

Sprühöl verhindert
das Haften von
Schnee an der
Schaufel.

297 ORANGENKERZE

Lass die Orange
nicht unbeaufsichtigt
brennen und stelle
einen Teller unter!

Entferne das Fruchtfleisch vorsichtig mit einem Löffel aus
einer halben Orange, sodass der weiße, faserige Teil in der
Mitte stehenbleibt. Fülle die Schale mit Pflanzenöl bis etwa
1 cm unterhalb des „Dochtes". Einige Minuten vollsaugen
lassen, dann kannst du die Orange entzünden.

Ein halber Apfel zusammen mit den Plätzchen hält diese ebenfalls weich und schmackhaft.

298 BACKFRISCHE PLÄTZCHEN

Eine Scheibe Weißbrot in der Keksdose hält weiches Gebäck und Plätzchen frisch.

299 PERFEKTE PLÄTZCHEN

Backe Plätzchen oder Kekse in einem Muffinblech, dann zerlaufen sie nicht und sind gleichmäßig dick.

Dank Muffinform sind die Plätzchen perfekt rund.

Kleine Weihnachts-
kugeln kannst du in
leeren Eierpappen
lagern.

300

Sicher verwahrt

Plastikbecher auf Pappe geklebt helfen, Weihnachts-
dekorationen sicher und geordnet in Kisten einzulagern.

301

Glitzertüte

Für silberglänzendes Geschenkpapier verwende eine Chipstüte. Diese einfach umdrehen und reinigen. Du kannst sie auch aufschneiden, um kleine Geschenke einzuwickeln.

„Ich musste leider die ganze Tüte Chips essen, wie soll ich denn sonst das Geschenk einwickeln?"

302 News-Tüte

Kein Geschenkpapier parat? Nimm Zeitungen und falte daraus Tüten.

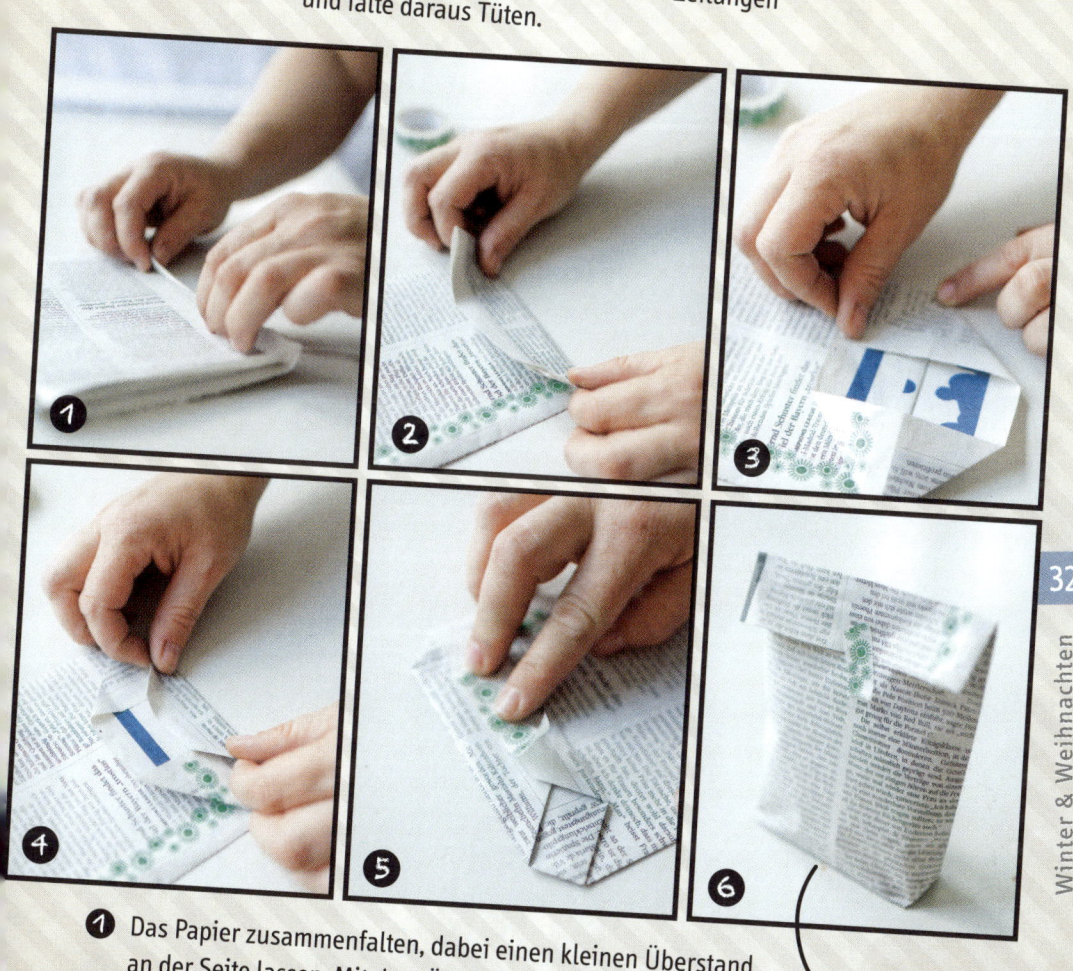

1. Das Papier zusammenfalten, dabei einen kleinen Überstand an der Seite lassen. Mit dem Überstand zusammenkleben.
2. Die Unterkante der Tüte nach oben und wieder zurück falten.
3. Das Rechteck aufstellen und die Mitte der Außenkanten nach innen zum Dreieck falten. Auf der anderen Seite wiederholen.
4. Die Kanten übereinanderlegen.
5. Zusammenkleben.
6. Die Tüte aufrichten und ausformen – fertig.

Fortgeschrittene wählen besondere Fotos und Überschriften aus.

303

Schneeflocken-Papier

Mit dem Radiergummi-Ende eines Bleistiftes und weißer Farbe kannst du Packpapier zu einem schicken Geschenkpapier veredeln.

Besonders edel wirkt das Papier, wenn du die Punkte statt mit Farbe mit Bastelkleber aufstempelt und anschließend mit Glitter oder Puder bestreust.

Auch zum Servieren reich belegter Sandwiches geeignet.

Aus einem Pappteller lässt sich mit wenigen Handgriffen ein dekoratives Körbchen basteln. Nach Belieben noch eine dicke Schleife darum binden.

304
Kekskörbchen

305

Lichterketten- Bügel

Wickle Lichterketten nach dem Fest auf einen Kleiderbügel auf.

Vielleicht benötigst du die Lichterketten schon vor dem nächsten Weihnachtsfest wieder (siehe Seite 186).

Leichter Schneeschippen

Besprühe deine Schneeschaufel dünn mit Universal-Sprühöl, damit der Schnee nicht daran haften bleibt.

Du kannst die Schaufel auch mit Speiseöl einreiben.

Winter & Weihnachten

307 TÜRSCHLOSS SCHÜTZEN

Ist das Türschloss vereist, einfach den Schlüssel
mit einem Feuerzeug erwärmen.

Damit die Tür nicht
anfriert, Vaseline auf
den Gummi geben.

308 Schneekette fürs Rad

Kabelbinder entlang der Speichen an den Fahrradreifen befestigen. Diese verhelfen den Reifen auf verschneiten Flächen zu mehr Halt.

Sei vorsichtig und lass das Fahrrad bei allzu schlechtem Wetter besser stehen!

309
Frostschutz

Sprühe Essig auf die Fahrzeugscheiben, um sie vor dem Einfrieren zu schützen. Mische drei Teile Wasser und einen Teil Essig in einer Sprühflasche.

Wenn die Scheibe schon vereist ist, einfach die Mischung auf- sprühen, dann lässt sich das Eis leichter entfernen.

310
Heizungsboost

Alufolie hinter dem Heizkörper reflektiert Wärme in den
Raum und hilft, Energie zu sparen.

Man kann für diesen Lifehack
auch die Rettungsdecke aus
einem alten Verbandskasten
verwenden.

311 WISCHER-SCHUTZ

Etwas Reinigungsalkohol auf ein fusselfreies Tuch auftragen und die Scheibenwischer damit vorsichtig reinigen. So hast du ganzjährig klare Sicht und keine Streifen.

Gib **Spiritus** niemals mit in das Wischerwasser. Er geliert ab minus 14 °C und kann die Düsen verstopfen.

312

Strahlerklar

Wachs hält Scheinwerfer auch bei Frost klar.

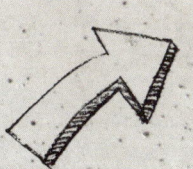

Trübe Scheinwerfer
kannst du mit Zahnpasta
putzen.

Filzsohlen

Aus einem Stück Wollfilz kannst du dir kuschelige Einlegesohlen für deine Winterstiefel ausschneiden.

Winter & Weihnachten

Lässt sich die Sohle aus dem Stiefel herausnehmen, kannst du sie als Schablone verwenden.

Warme Socke

Fülle Reis in eine Socke und verknote sie, bevor du sie in der Mikrowelle erwärmst. Eine Wohltat an eisigen Wintertagen!

Funktioniert auch mit Linsen, getrockneten Erbsen und Getreide.

315
Honig-Walnüsse

Grob gehackte Walnüsse in Honig gerührt ergeben ein dekoratives und leckeres Geschenk. Zwei Esslöffel Weinbrand runden es ab. Gut einrühren und zwei Wochen ziehen lassen.

Schmeckt hervorragend über Eis, Obstsalat oder eingerührt in Joghurt.

Zutaten: 350 g Zucker, 50 g Kakaopulver, 125 g gehackte Wal- oder
Pekannüsse, 200 g Mehl, 1 TL Backpulver, 1/2 TL Salz. Frisch hinzuge-
ben: 3 Eier und 175 g Margarine.

316

BROWNIES IM GLAS

Verschenke selbst gemachte Backmischungen!
Einfach die trockenen Zutaten in ein dekoratives
Glas schichten und mit dem Rezept beschriften.

Geschlagene Sahne oder kleine Marshmallows krönen das Getränk.

317

Nuss-Nougat-Kakao

Wenn es draußen windet und schneit, wärmt eine Tasse heißer Nuss-Nougat-Kakao das Herz. Erwärme einen Liter Milch bei mittlerer Hitze in einem Topf und rühre 100 g Nuss-Nougat-Creme hinein, bis sie sich auflöst und die Milch warm ist.

Geschirrkunst

Mit Porzellanfarben aus dem Bastelbedarf kannst du
Geschirr individuell beschriften und bemalen.

Die liebevoll gestalteten Unikate sollten
nicht im Geschirrspüler gereinigt werden.

Nach 30 Tagen solltest du die Flüssigkeit in der Flasche ersetzen, damit die Mischung nicht schimmelt.

319 Orangenduft liegt in der Luft

Vermische ¼ Tasse Reinigungsalkohol (Isopropanol), eine ¾ Tasse Wasser und 20 Tropfen ätherisches Öl in einer Flasche. Gib bei Bedarf Schnitze von Orangen- oder Zitronen-schale, frische Kräuter oder eine Zimtstange hinzu. Stelle nun 8–10 Bambusstäbe in die Flasche und warte, bis diese sich voll Flüssigkeit gesogen haben. Fertig ist der Lufterfrischer.

320

SCHNEEMANN-GLÄSER

Befülle zwei bis drei kleine Schraubgläser mit Süßigkeiten oder Trinkschokolade und Marshmallows. Staple die Gläser übereinander und klebe sie mit doppelseitigem Klebeband zusammen. Das Gesicht mit Permanentstiften aufmalen. Für Mütze und Schal Socken verwenden.

So machen auch Socken als Geschenk Freude!

Eierprobe

So prüft man, ob Eier frisch sind:

frisch

etwa 20 Tage alt

etwa 60 Tage alt

Essen und Trinken

321
Mango-Igel

Eine Mangohälfte kannst du kreuz und quer bis auf die Schale mit einem Messer einschneiden und diese anschließend umstülpen. Der Mango-Igel eignet sich wunderbar als Dekoration auf kalten Platten oder zum gemütlichen Verzehr auf der Couch.

Wie halbierst Du eine Mango? Eine Mango hat an der Seite einen deutlich erkennbaren „Rücken". Schneide etwa einen Zentimeter links und rechts neben dem Rücken das Fruchtfleisch ab. So erhältst du zwei Hälften. Vom übrigen Mittelstück kannst du noch das Fruchtfleisch rund um den Kern abschneiden.

MARMORIERTE
322
EIER

Koche ein Ei für zwei Minuten. Dann knicke die Schale rundherum an und koche das Ei für weitere sechs Minuten in einem Sud aus schwarzem Tee und dunkler Sojasoße. Lass das Ei im Sud abkühlen.

Nach dem Pellen hat das Ei ein schickes Muster und ein schönes Aroma.

SPRUDELSCHUTZ

323

Halte eine Flasche mit kohlensäurehaltigem Getränk beim Öffnen schräg. Dies verhindert das Überschäumen. Funktioniert auch mit Sekt.

Durch die Schräglage vergrößert sich die Fläche, über die die Kohlensäure-bläschen entweichen können, und der Druck wird vermindert.

Wein dekantieren

Wein entfaltet sein volles Aroma erst, wenn er Zeit hat, an der Luft zu „atmen". Um diesen Prozess zu beschleunigen, kannst du ihn einfach für wenige Minuten im Standmixer belüften.

Es hilft auch, den Wein mehrfach zwischen zwei Gläsern hin und her zu schütten.

(325) Servierring

Um einen einfachen Servierring zu erhalten, entferne mit einem Dosenöffner sowohl den Deckel als auch den Boden einer Thunfischdose. Gut auswaschen.

Es gibt Dosenöffner, die schneiden die Dose seitlich auf, sodass kein scharfer Grat entsteht. Mit solch einem Dosenöffner funktioniert der Trick noch besser.

Butterstativ

Kühlschrankharte Butter kannst du streichfertig machen, indem du sie auf drei Zahnstocher und dann in die Mikrowelle stellst. Beobachte den Vorgang: Sobald die Butter weich genug ist, kippt das Stativ um.

Kleinere Mengen Butter kannst du erwärmen, in dem du ein angewärmtes Glas darüber stülpst und einige Minuten wartest.

Schoko-schälchen

327

1. Schmelze ca. 100 g Kuvertüre im Wasserbad und tauche einen kleinen, aufgeblasenen Ballon in die Kuvertüre.

Wenn du statt Ballons kleine Wasserbomben verwendest, kühlt die Kuvertüre am Ballon schneller ab und durch das Wasser im Inneren platzt der Ballon nicht so leicht.

2. Stelle den schokolierten Ballon an einem kühlen Ort auf Backpapier ab, bis die Kuvertüre erstarrt ist.

3. Dann kannst du den Ballon zerstechen. Übrig bleibt ein selbst gemachtes Schoko-schälchen.

Torten zelt

328

Um Tortenverzierungen beim Transport zu schützen, stecke Spaghetti schräg in die Torte und lege dann Klarsichtfolie darüber.

Die Spaghetti sollten nicht zu lang sein, damit sie nicht abbrechen.

Messertrick

Schneide das erste Tortenstück mit zwei Messern zu. So kannst du die Größe des Stückes bestimmen und dieses auch direkt zwischen den beiden Messern heraus-heben.

Auch die weiteren Stücke lassen sich so zwischen den Messern auf Teller heben, falls kein Tortenheber zur Hand ist.

330 Schräglage

Um einen tollen Effekt beim Servieren zu erzielen, halte Cocktailgläser schräg und befülle sie mit zweierlei Leckereien, z. B. Pudding und Fruchtpüree.

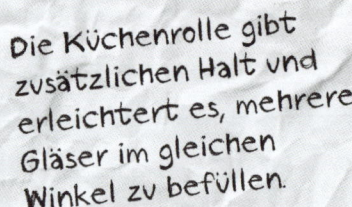

Die Küchenrolle gibt zusätzlichen Halt und erleichtert es, mehrere Gläser im gleichen Winkel zu befüllen.

331 KAKAO-STREUER

Fülle Kakaopulver in einen leeren Salzstreuer. An der Kaffeetafel kannst du so deinen Milchkaffee oder Kuchen mit einer dünnen Kakaoschicht bestreuen.

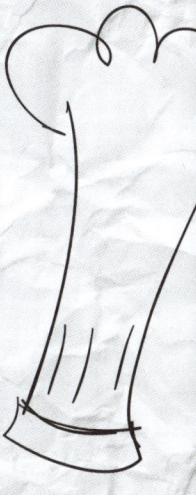

Statt Kakao kannst du auch Zimt in den Salz-strever geben.

Heißes Eisen

Tauche dein Messer vor dem Schneiden von
Torte, Butter oder Eiscreme in heißes Wasser.

Vorbereiten & Zubereiten

Wenn du nur einen Schnitt machen möchtest, genügt es, das Messer kurz unter den heißen Wasserstrahl zu halten.

333 Spaghetti-Eis

Drücke Vanilleeis durch eine Kartoffelpresse,
um ganz einfach Spaghetti-Eis herzustellen.

Dazu etwas Erdbeer-
soße und geraspelte
weiße Schokolade oder
Mandeln – yummi!

WÄRME- 334 GLOCKE

Ein kleines Stück Butter kannst du mit einem angewärmten Glas streichfertig machen: Das Glas darüber setzen und ein paar Minuten warten.

Das Glas vorher einfach kurz unter fließend heißes Wasser halten und abtrocknen.

335
Ketchup-Trick

Um Ketchup aus der Flasche zu bekommen, hilft es, diese schnell seitwärts zu schwenken. Dafür packst du die Flasche am besten am Boden und schwingst die Flaschenspitze hin und her.

Ketchup verändert bei Bewegung seinen Festigkeitszustand. Durch Schwingen entsteht mehr Bewegung als durch ruckartiges Stoßen.

Pfannkuchen-Figuren

336

Brate Pfannkuchen in Keksförmchen. Den Teig dünn
einfüllen und bei niedriger
Temperatur garen.

Zusätzlich verziert mit
Schokosauce oder lecke-
rem Obst kannst du wahre
Kunstwerke auf die Früh-
stücksteller zaubern.

337
Bananen-Delfine

Die lustigen Bananen-Delfine lassen sich mit wenigen Messer-schnitten basteln: Einfach ein Stück Banane abschneiden und am Stiel das Maul einschneiden. Die Augen mit einem Stift aufsetzen und eine Frucht ins Maul stecken.

Aus Bananenresten kannst du einen Smoothie mit gesunden Kräutern machen.

Glatter Zuckerguss

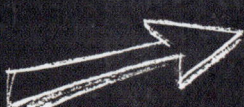

Eine Prise Salz im Zuckerguss verhindert, dass dieser auskristallisiert.

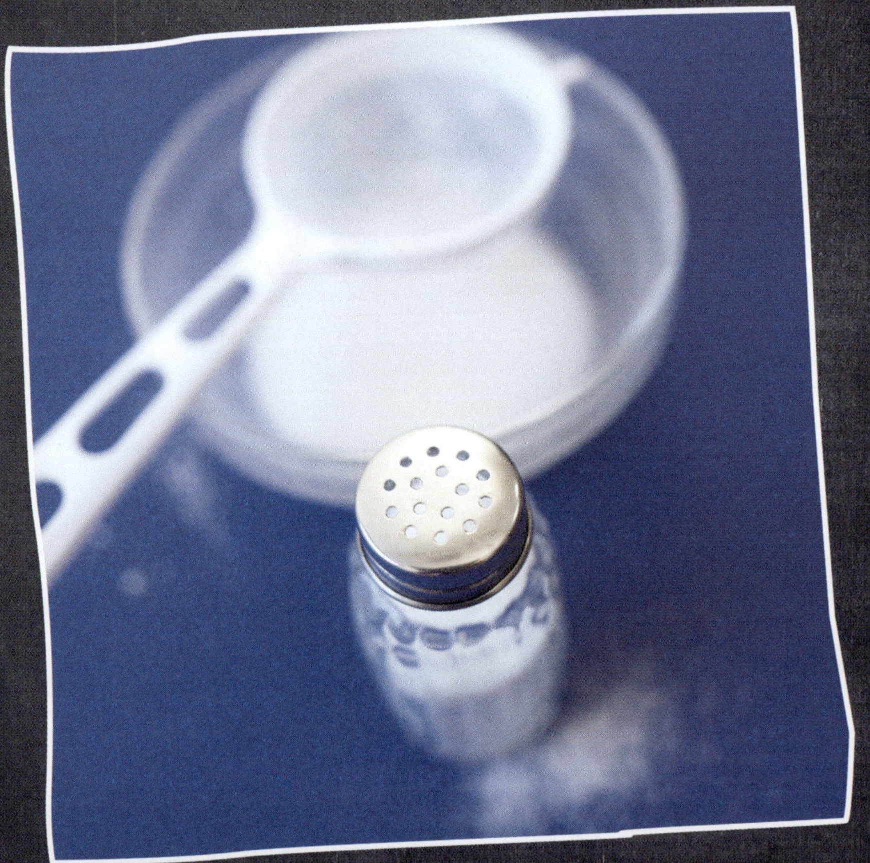

Mithilfe einer Spritzflasche lässt sich der Zuckerguss dekorativ verteilen.

339
Streusel-Muster

Verwende Ausstechformen, um Streusel auf Torten dekorativ zu platzieren.

Funktioniert auch mit Schoko-spänen. Wie du diese selber machen kannst, erfährst du nach dem Umblättern.

Gugelhupf-Flickerei

Sollte dein Gugelhupf einmal nicht heil aus der Form kommen, so kannst du ihn mit steif geschlagenem Eiweiß wieder zusammenkleben.

Gelingt auch mit einer Mischung aus einem Eiweiß, 150 g Puderzucker und etwas Zitronensaft. Steif schlagen, den Kuchen flicken – und den Rest einfach als Glasur verwenden.

Schokospäne

Mit einem Sparschäler kannst du ganz einfach dekorative Schokoladenspäne für Torten oder Desserts herstellen.

Schokospäne schmecken auch im morgendlichen Müsli lecker.

Apfelschwan

1. Schneide eine Scheibe von einem Apfel ab.

2. Setze den Apfel wie abgebildet auf und schneide an beiden Seiten gleichmäßige Ecken heraus. Aus diesen schneide kleinere Ecken heraus. Je dünner die Ecken sind, desto besser ist der Effekt.

3. Damit die Stücke nicht braun werden, pinsel alle Schnittflächen mit Zitronensaft ein.

4. Setze die Ecken auf und verschiebe sie etwas. Für den Kopf schneide eine kleine Vertiefung in den Schwanenkörper und stecke ihn hinein.

5. Voilà – ein Apfelschwan!

Du kannst den Kopf auch mit einem Zahnstocher aufstecken. Aus Apfelkernen kannst du Augen machen. Diese einfach längs ins Fruchtfleisch drücken.

343
PARMESAN-TALER

Gib ein Häufchen grob geraspelten Parmesan bei mittlerer Hitze in eine beschichtete Pfanne. Wenn der Käse beginnt, an der unteren Seite braun zu werden, wende ihn. Lecker zu Salat, Nudelgerichten und Suppen.

Größere Mengen der Parmesantaler kannst du auch auf Backpapier im Ofen machen. Bei 180 °C backen, bis der Käse verlaufen und goldbraun ist (ca. 20 Minuten).

344 Eier-Herz

Falte einen Pappteller in der Mitte und schneide eine rechteckige Form aus. Koche nun ein Ei für neun Minuten, pelle es und spanne das heiße Ei wie abgebildet mit einem Essstäbchen und Gummibändern in die Pappe. Nach dem Abkühlen bleibt das Ei in Form.

Die Herz-Eier sind ein toller Hingucker auf kalten Platten oder – in Scheiben geschnitten – als Cracker-Belag.

345
Zwei-Zonen-Grill

Befülle den Grill nur auf einer Seite mit Kohle. So erhältst du zwei Temperaturzonen, auf denen sich verschiedene Köstlichkeiten zubereiten lassen.

Auf der Seite ohne Kohle kannst du auch Fleisch warmhalten, ohne dass es verbrennt.

346 Grillspieße

Wenn du sehr viele Fleischspieße benötigst oder keine in der richtigen Größe findest, kannst du dir aus Stahldraht selbst welche biegen.

Achte unbedingt darauf, dass der Draht nicht verzinkt ist.

BACKSTEIN-HÄHNCHEN

Lege zwei in Aluminumfolie eingewickelte Backsteine auf ein ganzes, an der Brust zerteiltes Grillhähnchen.

Die Steine drücken das Fleisch platt und ermöglichen ein gleichmäßiges Garen.

Der Trick funktioniert nur bei frisch zubereiteten Hähnchenflügeln.

348
Hähnchenflügel entbeinen

Hähnchenflügel (Chicken Wings) enthalten zwei kleine Knochen. Halte den Flügel gut fest und entferne das kleine Gelenkstück am dickeren Ende, wo sich die beiden Knochen treffen. Löse zuerst den dünneren Knochen durch Ziehen und Drehen. Danach lässt sich auch der dickere Knochen einfach herausdrehen.

Whisky- 349 Marinade

Vermische pro Steak je 4 cl Whisky und Balsamessig zu einer ungewöhnlichen, sehr schmackhaften Steak-Marinade.

Für ein optimales Ergebnis mariniere das Fleisch für 24 Stunden.

Aromaglut 350

Wirf Zweige von mediterranen Kräutern beim Grillen direkt in die Glut, um dem Grillfleisch zusätzliches Aroma zu verleihen.

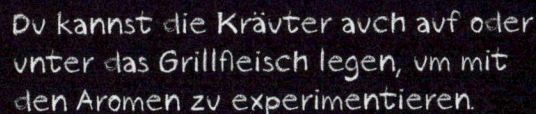

Du kannst die Kräuter auch auf oder unter das Grillfleisch legen, um mit den Aromen zu experimentieren.

357

Burgerpresse

Für eine improvisierte Burgerpresse gib etwas Hackfleisch in einen sauberen Joghurteimer und drücke mit
einem zweiten Eimer fest auf das Hackfleisch.

Der Fleischfladen lässt sich leichter
aus dem Eimer entfernen, wenn du
diesen zuvor mit etwas Öl fettest.

352 HAMBURGER MIT KÄSEFÜLLUNG

Forme zwei dünne Fleischfladen, lege ein Stück Käse zwischen die beiden und presse sie gründlich zusammen.

Probiere auch mal ungewöhnliche Käsesorten wie Blauschimmelkäse aus.

353
Wespenschreck

Wespen vertreibst du am besten, indem du etwas Kaffeepulver in einer feuerfesten Schale mit einem Streichholz verbrennst.

Mit dem Duft von frischem Kaffee kann man im Büro zuverlässig Kollegen anlocken.

354 Grillen im Blumentopf

Ein feuerfester Terrakotta-Blumentopf eignet sich wunderbar als Minigrill.

Achte beim Anheizen darauf, den Blumentopf auf eine feuerfeste Unterlage zu stellen. Keine glühenden Kohlen einfüllen!

355
Flammenbändiger

Etwas Salz hilft, Flammen und Rauch beim Grillen zu bändigen, ohne das Feuer abzukühlen.

Nach dem Grillen kann man den Rost mit einer halbierten Zwiebel einreiben. Das löst den Schmutz.

356 Grillrost ölen

Um dir nach dem Grillen aufwendiges Schrubben zu sparen, fette den Rost vor dem Grillen großzügig mit Öl ein.

Durch das Öl kann es anfangs zu einer stärkeren Rauchentwicklung kommen.

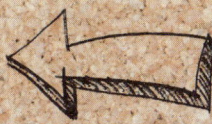

357

DECKELDÖSCHEN

Schneide die Schraubverschlüsse von zwei Plastikflaschen mit einer Säge oder einem Cutter vorsichtig ab. Glätte die Schnittflächen mit Schmirgelpapier. Dann schneide ein Stück stabile Folie in der Größe der Schnittfläche zu. Klebe die Folie mit Alleskleber zwischen die beiden Deckelenden.

Du erhältst einen wasserfesten Minicontainer für Gewürze.

358
Solar-Wurstofen

Schneide mit einem Cutter ein Fenster in eine leere Stapelchips-Dose. Stecke ein Würstchen auf einen langen Holzspieß und bohre kleine Löcher mittig in den Deckel und den Boden der Dose. In diesen Löchern kannst du den Holzstab befestigen, sodass das Würstchen mittig in der Dose hängt.

Umwickle die Dose nun mit Klarsichtfolie oder verschließe das Fenster mit einem Stück einer Kunststoffflasche. Nun kannst du die Dose an einem sonnigen Platz aufstellen und das Fenster in Sonnenrichtung ausrichten. Je nach Sonnenintensität sollte die Wurst nach einigen Minuten warm sein.

Die Dose funktioniert wie ein kleines Treibhaus. Die Sonnenstrahlen werden von der silbernen Innenseite der Dose auf die Wurst reflektiert und durch die Folie wird die Wärme im Inneren der Dose gehalten.

359 Wurst-spiralen

Stecke ein Würstchen vorsichtig auf einen Holzspieß ...

... und schneide es dann spiralförmig ein.

Die Spiralwurst lässt sich schnell erhitzen und nimmt mehr Sauce auf.

Ziehe die Wurst dann etwas auseinander. Die Wurst im Wasserbad oder auf dem Grill erhitzen und mit Senf und Brot genießen.

OUTDOOR-HERD

Drücke nun das Oberteil rundum mit dem Taschenmesser ein. Vorsicht: scharfe Schnittkanten! Die Kerben liegen fingerbreit auseinander.

Schneide Boden und oberen Bereich von einer Getränkedose ab; beide Stücke sind ca. 4 cm hoch.

Der Brenner funktioniert mit Spiritus oder 96%-igem Alkohol, den man auch als Desinfektionsmittel in die Reiseapotheke aufnehmen kann.

Dann stecke die obere, eingekerbte Hälfte in die untere. Fülle Spiritus 2–3 cm hoch ein und zünde ihn an. Wenn du alles richtig gemacht hast, sollten rundherum am Rand (dort, wo die Kerben sind) kleine Flammen sichtbar sein.

361 Plastik- löffel

Improvisiere einen Löffel, indem du ihn mit einem Messer oder einer Schere wie oben gezeigt aus einer Plastikflasche ausschneidest.

Stabiler wird der Löffel, wenn du ihn mittig knickst. Und sei bitte vorsichtig: Die Schnittkanten können scharf sein.

362
Mückenschutz

Vertreibe Mücken, indem du ein Bündel getrockneten Salbei ins Lagerfeuer wirfst.

Auch Kampfer, Zimt, Anis und Lavendel mögen Mücken nicht.

Getränke kühlen

Kurioserweise lassen sich Getränke kühlen, indem man sie in ein mit heißem Wasser getränktes Tuch wickelt und einige Minuten wartet.

Das heiße Wasser entzieht dem Getränk Wärme, um verdunsten zu können. Der Trick funktioniert besonders gut draußen, wenn ein leichter Wind weht.

WALNÜSSE KNACKEN

Wenn du mal keinen Nussknacker zur Hand hast, lassen sich Walnüsse auch miteinander knacken. Halte dazu einfach zwei Walnüsse wie abgebildet in der Hand und drücke sie kräftig aneinander.

Versuche, die Walnüsse ineinander zu verhaken, damit sie nicht abrutschen.

Brot aus Tontöpfen

Backe Brot in kleinen, vorher gewässerten Blumentöpfen aus Ton.

So erhältst du einen dekorativen und essbaren Tischschmuck.

Die Röhrchen kannst du mit einem kleinen, aus Papier gerolltem Trichter befüllen.

366

Wetterfeste Gewürze

Du kannst kleine Einzelportionen von Gewürzen oder Zucker wetterfest verpacken, indem du sie in Stücke von Strohhalmen einschweißt. Drücke die Enden mit einer Zange oder Schere zusammen und verschweiße sie vorsichtig mit einem Feuerzeug.

DOSE MIT EINEM
367 LÖFFEL ÖFFNEN

Reibe mit der Löffelspitze kräftig an der Innenseite des Dosenrandes entlang. Nach einer Weile kannst du die Löffelspitze in die Dose stechen und den Deckel relativ leicht am Rand entlang aufdrücken.

Bei unseren Tests haben sich die Dosen leichter an der Unterseite öffnen lassen.

Thunfisch-Laterne

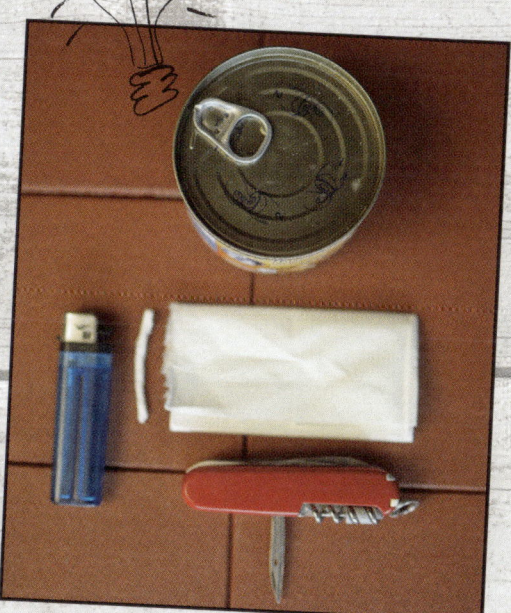

1 Willst du dich nach dem Wandern oder beim Camping aufwärmen und brauchst Licht, hilft eine Dose Thunfisch in Öl.

2 Bohre mit einem Taschenmesser ein Loch in den Deckel und stecke ein Stück aufgerolltes Taschentuch hinein.

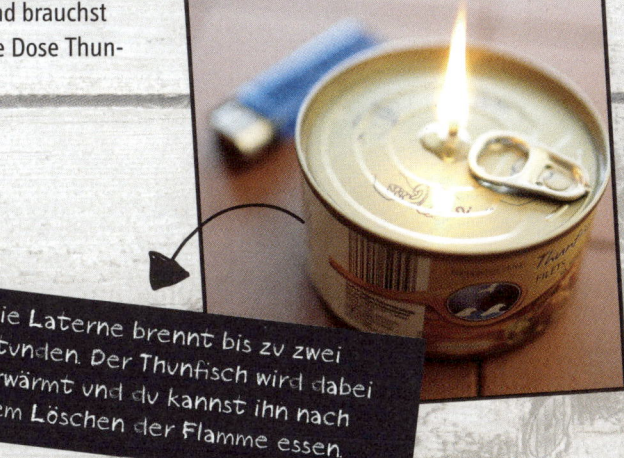

Die Laterne brennt bis zu zwei Stunden. Der Thunfisch wird dabei erwärmt und du kannst ihn nach dem Löschen der Flamme essen.

3 Kurz warten, bis sich der Docht mit Öl vollgesogen hat, dann kannst du ihn entzünden.

369

WANDKISTEN

Leere Obst- und Gemüsekisten kannst du mit S-Haken oder
Kabelbindern an der Küchenstange befestigen und als
Regal für Gewürze und andere Dinge verwenden.

Du kannst die Kisten auch an die Wand schrauben. Je nachdem, ob du viele kleine oder einige hohe Dinge abstellen möchtest, hänge sie quer oder hochkant auf.

370
Schutzkappe

Messerspitzen und scharfe Kanten kannst
du mit einem Weinkorken schützen.

Schützt auch vor
Schnittwunden.

Plastikfolie lässt sich häufig schwer abwickeln. Um dies zu vermeiden, lagere die Folie einfach im Kühlschrank.

Die Kälte kann jedoch die Haftfähigkeit der Folie beeinflussen.

372
Dicht verschweißt

Plastikbeutel lassen sich mithilfe eines Stückes
Alufolie und eines Bügeleisens verschweißen.
Dazu einen Streifen Alufolie falten und die Tüten-
öffnung dazwischen legen. Wenige Sekunden mit
dem Bügeleisen über den Alustreifen fahren.

Achte beim Ver-
schweißen unbedingt
auf eine hitzefeste
Unterlage.

373 Stangen-halterung

Stangen in der Küche sind wahre Platzsparwunder. An ihnen lassen sich Geschirrtücher trocknen, Topfdeckel aufbewahren, Kochutensilien aufhängen.

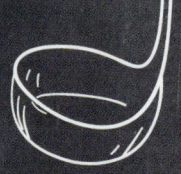

Stangen über dem Herd ermöglichen einen schnellen Zugriff auf wichtige Gegenstände, ohne lästiges Wühlen in Schubladen.

374 Schrank-Karussell

Stelle einen drehbaren Servierteller in den Kühlschrank oder Schrank, um schneller an kleinere Gläser und Fläschchen zu gelangen.

Einen Drehteller kannst du einfach mit einem Drehgewinde aus dem Baumarkt und einem Tablett basteln. Das Gewinde mit starkem doppelseitigem Klebeband oder Montagekleber ankleben.

375 Vakuum-Beutel

Diese Methode eignet sich für das Verpacken aller festen Lebensmittel.

Fülle Lebensmittel in einen Zipper-Beutel und stecke einen Strohhalm hinein. Verschließe den Beutel. Mithilfe des Strohhalms kannst du die überschüssige Luft aus dem Beutel saugen. Den Strohhalm dann schnell herausziehen und den Beutel vollständig verschließen.

LAUCH-FRISCH

376

Wenn du ein Bund Lauchzwiebeln nicht komplett verarbeiten kannst, schneide die übrigen Zwiebeln in Ringe und friere diese in einer kleinen Flasche ein.

Durch Schütteln lösen sich die gefrorenen Ringe wieder und lassen sich portionsgerecht herausschütten. Gelingt auch mit Gefrierbeuteln.

TAFELLACK-GLÄSER

Streiche die Deckel von Schraubgläsern mit Tafellack. So kannst du sie mit einem Kreidestift immer wieder neu beschriften.

Passt perfekt zum Regal rechts!

EINFACHES GEWÜRZREGAL

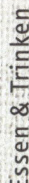

Schneide mit einem Lochbohrer Löcher in eine Holzplatte und stecke kleine Gläser mit Gewürzen hinein.

Die Deckel der Gläser kannst du wie links oder auf Seite 402 gezeigt, oder mit einem Klebeetikett beschriften.

379 Weinregal

Weinflaschen kannst du in Abflussrohren aus Ton lagern.

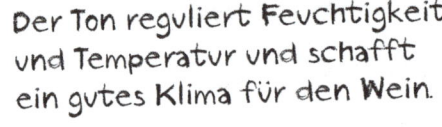

Der Ton reguliert Feuchtigkeit und Temperatur und schafft ein gutes Klima für den Wein.

380 Kisten-Regaleinsatz

Setze im unteren Teil eines Vorratsregals zwei Metallrohre ein. Nun kannst du Getränkekisten schräg hineinstellen und die Flaschen leichter entnehmen.

Perfekt für Wasser- und Bierkisten.

NIE MEHR BRAUNE ÄPFEL

Löse 2 TL Honig in einer Tasse Wasser auf und gib Apfelschnitze hinein, um diese vor zu schnellem Braunwerden zu schützen.

Eine süße Alternative zum Klassiker, die Apfelschnitze mit Zitronensaft zu beträufeln.

Zwiebeln 382 frischhalten

Große Zwiebeln kannst du in Strumpfhosen lagern. So bleiben diese länger frisch.

Die Strumpfhose ermöglicht, dass genügend Luft an die Zwiebeln gelangt und diese nicht faulen. Zudem sollte man Zwiebeln kühl und dunkel lagern, damit sie nicht keimen.

383
Gewürzlabels

Befülle kleine Gläser mit Gewürzen deiner Wahl. Löse nun vorsichtig die Etiketten von den Gewürz-Tüten und klebe sie auf die Gläser, um den Überblick zu behalten.

Sollten sich die Etiketten nicht lösen lassen, kannst du den Schriftzug auch vorsichtig ausschneiden und mit etwas Klebefilm am Glas befestigen.

SUPPEN-BAUSATZ

Friere Einzelportionen von Gemüse, Gewürzen und Suppenfleisch ein, um schnell eine Fleisch- oder Gemüsesuppe zubereiten zu können.

Auch bereits zubereitete Brühe lässt sich portionsweise, z.B. in einer Eiswürfelform, einfrieren und bei Bedarf einfach entnehmen.

385 Karotten lagern

Entferne das Grün von Wurzelgemüse, z. B. Karotten, vor der Lagerung. So bleiben diese länger frisch.

Außerdem bleiben die Nährstoffe in der Wurzel enthalten.

386
Popcorn-Polster

Popcorn eignet sich hervorragend als umweltfreundliches Verpackungs-material zum Versand von zerbrechlichen Gegenständen.

Wenn der Versandkarton und der verschickte Gegenstand sauber sind, kann man das Popcorn sogar noch knabbern.

387 Pappkameraden

Transportiere und lagere Porzellanteller zwischen Papptellern.

Zum Lagern des guten Geschirrs haben sich auch Servietten bewährt. Einfach zwischen die Teller legen.

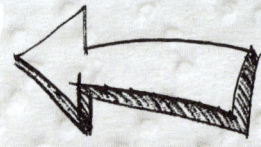

388 Vakuum-Glas

Stich mit einer Pinnnadel ein Loch in den Deckel eines Schraubglases. Dann lege ein kleines Stück Isolierband darauf, das du nur an einer Seite etwas festdrückst. Mit einer Handvakuumpumpe sauge die Luft aus dem Glas, um den Inhalt länger haltbar zu machen.

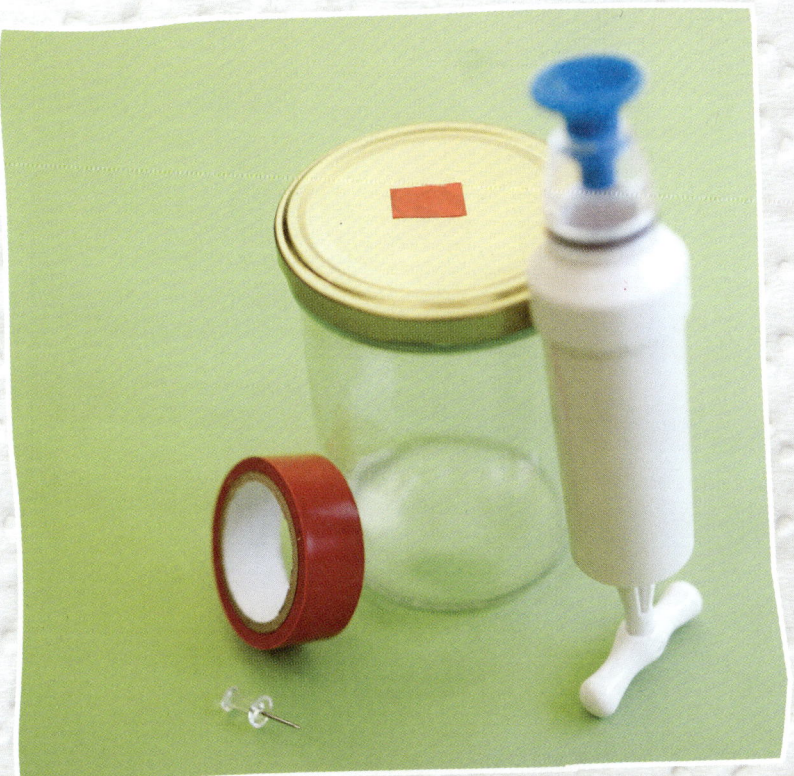

 Das Glas lässt sich leicht öffnen, wenn du das Klebeband vorher abziehst. Die Vakuumpumpe erhältst du im Haushaltswarenladen.

Weinglashalter

Schraube den Kopf einer alten Harke
an die Wand als Weinglashalter.

Besonders alte, verrostete
Harken sind sehr dekorativ
und machen sich auch hübsch
im Gartenhäuschen.

390

FRISCHER KÄSE

In einem mit Salzwasser angefeuchteten
Tuch bleibt Käse länger frisch.

Du kannst das angefeuchtete Tuch
auch in eine Frischhaltedose geben
und den Käse darin aufbewahren.

391

Weinwürfel

Du kannst Weinreste ganz einfach in einer Eiswürfelform oder einem Eiswürfel-Beutel einfrieren, um später zum Verfeinern von Saucen immer kleine Portionen parat zu haben.

Auch Reste von frisch gepresstem Zitronensaft musst du nicht wegschütten, sondern kannst sie portionsweise einfrieren.

EIER-ÖLUNG

Eier sind länger haltbar, wenn du die Schale gründlich mit einem ölgetränkten Tuch abreibst. Im Kühlschrank sollen so geölte Eier mehrere Monate aufbewahrt werden können.

Das Öl versiegelt die poröse Kalkschale und verhindert den Verlust von Wasser sowie Austausch von Gasen.

Balkon und Terrasse

Aus einer Kuchen-
form, Teelichtern
und Blumentöpfen
kannst du einen
kleinen Ofen für
kühle Abende
basteln.

393
Vertikales Gärtnern

Du brauchst eine Einkaufstüte aus starkem Plastik. Nähe knapp unterhalb der Oberkante und etwa mittig jeweils eine Naht. Schneide unterhalb der Nähte mindestens 15 cm breite Schlitze in die Vorderseite; die hintere Tütenlage bleibt intakt. Dann Erde einfüllen und die Pflanzen einsetzen.

Tüten aus Bekleidungsgeschäften eignen sich gut. Tüten von Supermärkten sind meistens zu dünn und bleiben nicht so formstabil.

Blumenampel deluxe

Ein alter Kronleuchter birgt Potenzial für eine zweite Chance im Garten – als Blumenampel. Baue die Kerzen- oder Glühlampenhalterungen aus. Klebe an die Stellen, wo vorher die Leuchten waren, Übertöpfe mit Silikon an. Nach dem Trocknen alles mit Lack besprühen.

Du kannst bepflanzte Töpfchen oder Mini-Blumensträuße in die Übertöpfe stellen.

395 PFLANZEN-PALETTE

Wenn du eine Holzpalette senkrecht an eine Wand stellst, kannst du von oben in die „Füße" Blumentöpfe hineinstellen. Und schon hast du einen vertikalen Garten geschaffen.

Sichere die Palette bitte vor dem Umfallen. Schraube sie an die Wand oder stelle schwere Kübel davor.

Stelle die Tomatenpflanze am besten an einen überdachten Ort. Sie mag zwar feuchte Erde, aber kein Regen auf ihren Blättern.

396 Tomaten im Sack

Der schnellste Weg zu eigenen Tomaten: Pflanze eine Tomatenpflanze direkt in einen aufgeschlitzten Sack Erde. Angießen– fertig.

Kartoffeln im Blumentopf

Balkon & Terrasse

Mit diesem Trick wirst du mehr Kartoffeln ernten, als wenn du die Knollen ganz klassisch in einen großen Topf voller Erde pflanzt.

❶

❷

Lasse ein paar Kartoffeln vortreiben, indem du die Knolle ins Helle legst und wartest, bis sich weißliche Keime zeigen. Fülle dann etwas Erde in einen großen Kübel und setze die Kartoffeln ein – die Keime schauen gerade so heraus. Weiter treiben lassen. Wenn sich erste Blätter zeigen, fülle so viel Erde auf, bis nur noch die Blätter herausschauen. Dann wieder warten, bis die Triebe weiter gewachsen sind, und abermals Erde auffüllen. So fortfahren, bis der Kübel gefüllt ist.

Große Kartoffeln mit mehreren Keimen einfach durchschneiden und getrennt einpflanzen. Die Schnittstellen vorher ein paar Stunden abtrocknen lassen.

Eignet sich vor allem für trocken-
heitsverträgliche Pflanzen wie
Hauswurz und andere Sukkulenten.

MINIGARTEN

398

Ist ein Pflanztopf aus Ton zerbrochen, aber nicht
in Hundert Scherben zerborsten, kannst du etwas
Kreatives daraus machen, das nicht jeder hat. Setze
die großen Bruchstücke wie Terrassen an einem
Hang zusammen, stecke aus kleinen Scherben oder
Kieselsteinchen Stufen hinein und stabilisiere alles
mit Erde und Steinen. Deiner Fantasie sind keine
Grenzen gesetzt.

399 DER TRICK MIT DEM KÜBEL

Große Kübel sind – samt Erde und Pflanzen– meist heftig schwer. Ein wenig leichter wird das Ganze, wenn du unten in den Topf ein paar alte Plastikblumentöpfe und darüber erst die Erde gibst.

 Die Töpfe sorgen ganz nebenbei noch für eine gute Dränage: Überschüssiges Gieß-wasser kann zwischen ihnen gut abfließen.

NOCH EIN TRICK GEGEN SCHWERE KÜBEL

400

Um das Transportieren von großen Kübeln zu erleichtern, heißt es: Gewicht reduzieren! Fülle ein paar Hände voll Verpackungschips in eine Nylonstrumpfhose und verknote diese. Diese leichtgewichtige „Verpackungs-Wurst" lege nun zuunterst in einen großen Kübel und fülle dann erst deine Erde ein.

Durch die Strumpfhose bleiben alle Verpackungschips kompakt beieinander. Wenn du den Kübel einmal neu bestückst, kannst du die komplette Einheit entnehmen und wiederverwenden.

Du kannst auch Porzellan- oder Keramikscherben aus der Küche verwenden. Am besten eignen sich gewölbte Bruchstücke, z.B. von Tassen und Schüsseln.

401 Loch zu!

Vor dem Einfüllen der Erde einfach eine Scherbe auf das Loch im Topfboden legen – am besten mit der Wölbung nach oben. So kann das Wasser ablaufen, die Erde bleibt aber, wo sie hingehört.

Hängender

402 Garten

1

Du kannst auch andere Verpackungsmaterialien bepflanzen, Plastiktüten beispielsweise. Schau mal auf Seite 420.

2

Schneide in eine PET-Flasche seitlich zwei gegenüberliegende Fächer. Bohre für die Aufhängung unter dem Verschluss zwei genau gegenüberliegende Löcher in den Flaschenhals. Dann füllst du Erde in die Flasche und setzt je eine Pflanze in die Fächer. Ein Stück Schnur durch die Löcher im Flaschenhals fädeln, verknoten und den Mini-Garten aufhängen.

RUSTIKALES

WINDLICHT

Ein dickwandiges Trinkglas (oder Marmeladenglas) wird mithilfe einer Schlauchschelle aus dem Baumarkt an einem verwitterten Brett befestigt. Bohre in das Brett zwei übereinanderliegende Löcher (Abstand ungefähr 1 cm) und führe einen Mini-Kabelbinder von hinten nach vorn durch ein Loch. Fädele die Schelle auf und führe den Binder durch das andere Loch wieder nach hinten. Kabelbinder fest zuziehen. Nun noch das Glas einhängen, Teelicht hineinstellen – fertig!

Ist die Schelle zu groß, kannst du sie mit einer Haushaltsschere kürzen.

Und wenn dich doch eine Mücke gestochen hat, erfährst du auf Seite 92, wie du den quälenden Juckreiz stillen kannst.

Der Tomatentrick

404

Du liebst Tomaten? Mücken hassen sie! Wenn du vor dein Schlafzimmerfenster Pflanzen aufstellen kannst, nimm unbedingt eine Tomatenpflanze! Ihr Geruch hält Mücken fern.

HANGING 405
BASKET

Aus einem alten Durchschlag aus der Küche wird
eine moderne Blumenampel. Damit die Erde nicht
durch die Löcher rieseln kann, Küchenkrepp oder
einen Kokosfaser-Einsatz aus dem Baumarkt (siehe
Motiv rechts) einlegen. Dann Blumenerde einfüllen
und die Pflanzen einsetzen.

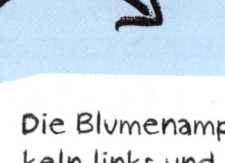

Die Blumenampel kann an den Henkeln links und rechts aufgehängt
werden. Einfach stabile Schnur
anknoten.

406 BLUMENKORB

Vor einiger Zeit waren Hängekörbe der totale Hit. In der Küche sind sie inzwischen ziemlich out. Wo einst Zwiebeln und Äpfel lagen, kannst du nun Blumen einpflanzen. Besorge dir Kokosfaser-Einlagen für Hanging Baskets aus dem Baumarkt oder dem Gartencenter und schneide sie passgenau für die Körbe zu. Erde einfüllen, Pflanzen einsetzen und aufhängen – fertig.

Achtung: Hanging Baskets können sehr schwer werden. Auch das Gießwasser hat einiges an Gewicht. Das solltest du beim Aufhängen bedenken!

LAVENDEL VERTREIBT LÄUSE

407

Pflanzen, die häufiger unter Blattläusen leiden, profitieren von Lavendel als Nachbarn, weil dieser die Läuse vertreibt. Eine ganz klassische Kombination sind Rosen und Lavendel.

Lavendel kann auch problemlos im Topf wachsen. Er braucht durchlässige Erde, da er mit Staunässe nicht zurechtkommt.

Ameisen im Topf

Lege außerdem Zitronen-
schalen aus. Den Geruch
mögen die fleißigen Insekten
gar nicht.

Ameisen auf der Terrasse oder
dem Balkon können ganz schön
nerven. Häufig suchen sie sich
eine Pflanze als Quartier aus. Um
ihnen den Einzug so schwer wie
möglich zu machen, reibe gefähr-
dete Töpfe von außen mit Vaseline ein. Die Ameisen mögen sie
nicht und werden sich rasch nach
einer neuen Bleibe umsehen.

Blumentopf-Kühlschrank

Du brauchst einen großen und einen kleinen Tontopf. Klebe die Ablauflöcher mit Gewebeband ab. Dann etwas Sand in den großen Blumentopf geben und den kleinen hineinstellen; die Oberkanten sollten auf gleicher Höhe sein. Nun den Zwischenraum zwischen den beiden Tontöpfen mit Sand befüllen und mit Wasser befeuchten. Sackt der Sand dabei ab, noch etwas Sand nachfüllen. Nun deine Getränkedose o.Ä. hineinstellen und den „Kühltopf" mit einem Kochtopfdeckel verschließen und mit einem nassen Tuch abdecken.

Sobald der Sand trocknet, musst du Wasser nachfüllen, damit die Kühlung aufrechterhalten bleibt.

TEELICHT- OFEN

410

Du brauchst vier Teelichter, eine Kastenku-
chenform und zwei unterschiedlich große
Tontöpfe. Der kleinere Tontopf muss vollständig in den größeren passen und zwar so, dass
zwischen den Seitenwänden etwas Abstand
bleibt.

Drei Teelichte in die Kastenform stellen und
den kleinen Tontopf darüber platzieren. Aus
der Hülle des vierten Teelichts einen Kreis
zurechtschneiden und damit das Ablaufloch
des kleinen Tontopfes verdecken. Nun den
großen Tontopf darübersetzen. Sein Loch
wird nicht verdeckt. Dein Mini-Ofen ist fertig!

Du kannst auch eine
Münze zum Abdecken des
Ablaufloches verwenden.

Zimmer- und Büropflanzen

In kleinen Gefäßen kann man mit ausrangiertem Besteck gärtnern.

KAKTEEN
UMTOPFEN 1

411

Damit du dich beim Umtopfen von Kakteen nicht verletzt, greife sie mit einer Grillzange.

Omas Gebäckzange
geht natürlich auch.

Kakteen 412 umtopfen 2

Übrigens haben Kakteen Dornen- keine Stacheln.

Mit Zeitungspapier lassen sich die pieksigen Gesellen ohne Blessuren um- und eintopfen. Falte aus Zeitungspapier einen dicken Streifen. Dieser schützt deine Finger vor den Dornen.

442

Orchideen-Schmuck

413

Blütenstängel von Orchideen sollte man immer an einem Stab fixieren, damit sie sich angesichts des Blütengewichts nicht nach unten neigen oder gar abbrechen. Statt spezieller Klammern kannst du hübsche Haarclips verwenden.

Sieh dich auch mal beim Haarschmuck für Kinder um. Dieser ist besonders zierlich und bald tanzen kleine Schmetterlinge oder andere Figuren um Phalaenopsis und Co.

Öl gegen 414
Schildläuse

Eventvell musst du diese Prozedur ein paar Mal wiederholen, falls du nicht alle Störenfriede erwischt hast.

Schildläuse kannst du ohne Chemie bekämpfen: mit Öl. Nimm einfaches Sonnenblumen-, Raps- oder ein anderes Küchenöl und tupfe es mit einem Wattestäbchen direkt auf die Schädlinge. Eine Stunde einwirken lassen und es dann samt abgestorbener Läuse mit einem feuchten Tuch abwischen oder das Gewächs ausgiebig abduschen.

Nach einigen Tagen Beduftung kannst du dir die Quitten natürlich auch schmecken lassen. Sie dürfen nicht roh, sondern nur gekocht oder gedünstet gegessen werden.

Quitten als 415 Raumparfüm

Chemisch aromatisierte Pappbäume und hässliche Potpourris waren gestern. Heute zaubern ganz natürlich und obendrein noch auf hübsche Art und Weise Quitten einen herrlichen Duft in die Wohnung. Einfach zwei, drei Früchte auf einem Teller ins Zimmer stellen.

416
Stein-Pflänzchen

Wer gar keinen grünen Daumen hat, der pflegt steinerne Kakteen. Bemale ein paar Kieselsteine mit Acrylfarbe oder Buntlack und zeichne nach dem Trocknen der Farbe mit einem Marker kleine Kreuzchen auf – das sind die Dornen. „Pflanze" die Steine aufrecht in ein Töpfchen mit Erde.

Achte auf die Form der Steine! Je kaktusmäßiger sie von vornherein aussehen, umso weniger talentiert musst du beim Anmalen sein.

Wasser-Selbst- versorger

Der Stoff sollte aus Baumwolle sein, z.B. von einem alten Geschirrtuch.

Wenn du für einige Tage im Urlaub bist, kümmern sich ein Eimer und ein Stück Stoff um deine Zimmerpflanzen. Schneide oder reiße aus Baumwollstoff mehrere lange Streifen. Stelle einen Eimer Wasser etwas erhöht neben deine Pflanze auf. Dann machst du die Stoffstreifen nass und lässt jeweils ein Ende bis zum Boden des Eimers hängen, das andere Ende steckst du tief in die Erde. Auf diese Weise wird das Wasser in den Blumentopf gesaugt.

Mit Tee gießen

Der Bürotag ist zu Ende und der Tee noch nicht ausgetrunken? Bloß nicht wegkippen! Du kannst deine Zimmerpflanzen problemlos mit Kräutertee oder Schwarztee gießen.

Aber bitte ohne Milch und Zucker! Sonst fängt deine Blumenerde unter Umständen zu schimmeln an.

Die Kohlensäure muss unbedingt entwichen sein!

419

MINERAL-SCHUB

Mineralwasser, aus dem die Kohlensäure entwichen ist, oder abgestandenes stilles Wasser bloß nicht in den Abfluss gießen! Du kannst deine Pflanzen damit gießen, ob im Zimmer, auf Balkon und Terrasse oder im Garten. Wie der Name sagt, enthält Mineralwasser Mineralstoffe – deine Gewächse wird's freuen.

Wasser-
420 reservoir

Musst du deine Pflanzen ein paar Tage allein lassen, kannst du ihnen einen kleinen Wasservorrat vorbereiten. Bohre in Deckel und Boden einer PET-Flasche jeweils ein kleines Loch von etwa 1 mm – bei größeren Löchern läuft das Wasser zu schnell heraus. Fülle Wasser in die Flasche und schraube den Deckel zu. Stecke sie nun kopfüber in den Topf, den du bewässern willst.

Das Loch im Boden darfst du nicht vergessen. Sonst kann keine Luft nachströmen und das Wasser läuft unten nicht heraus.

421
Glänzende Blätter

Diesen Trick kannten schon unsere Großmütter: Bier für glänzende Blätter! Mische Bier und Wasser etwa im gleichen Verhältnis und wische damit die großen, ledrigen Blätter deiner Zimmerpflanzen ab.

Zimmerpflanzen freuen sich aber auch über eine alkoholfreie Dusche. Stelle sie regelmäßig in die Badewanne oder Dusche und brause sie gründlich ab. So wird der Staub weggespült.

Mit dem Löffel kannst du ein Pflanzloch graben, mit der Gabel oder dem Buttermesser Verkrustungen an der Erdoberfläche lockern. Sei erfinderisch!

Mit Besteck gärtnern

422

In kleinen Töpfen fällt das Gärtnern mit Schaufel und Co. häufig schwer. Kein Problem, nimm einfach ausgedientes Besteck!

Schnittblumen und Vasenträume

Enge Vasen reinigt man mit Wasser, Spülmittel und zerbröselten Eierschalen.

Limo-Vase

423

Viele Mineralwasser- oder Limonadenflaschen haben schöne Formen und sind zum Wegwerfen viel zu schade. Mit buntem Klebeband aufgepeppt werden sie zu schmucken Vasen für einzelne Blütchen.

Kleine Flaschen, ab 100 ml erhältlich, wirken am besten zu mehreren aufgestellt.

1-, 2- und 5-Cent-Münzen besitzen eine Kupferummantelung und eignen sich daher.

424

Blumenstrauß mit Glücks-Cent

Blumen machen in der Vase häufig schon nach zwei, drei Tagen schlapp. Kupfer wirkt leicht antibakteriell und soll die Ausbreitung von Bakterien in der Vase eindämmen. Deshalb gib ein paar Kupfermünzen mit ins Blumenwasser.

Sauer macht frisch

Viele Blumen mögen kein kalkhaltiges Wasser in der Vase. Ein Spritzer Zitronensaft im Wasser schafft Abhilfe und hemmt gleichzeitig das Bakterienwachstum.

Einen weiteren Tipp zum Frischhalten von Sträußen findest du auf der vorherigen Seite.

Vase in Vase

Narzissen sollten nicht mit anderen Blumen zusammen in eine Vase gestellt werden. Ihr schleimiger Pflanzensaft rafft die anderen Blüher schnell dahin. Der Trick für einen bunten Strauß: Stelle ein einfaches Gefäß, z. B. ein schmales Marmeladenglas, in die Vase. Dann in beide Gefäße nur so hoch Wasser füllen, dass sich nichts vermischen kann.

In die innere Vase kommen die Narzissen, in die äußere die restlichen Blumen.

Wachstumsbremse

Tulpen wachsen in der Vase weiter. Dagegen hilft ein kleiner senkrechter Schlitz mit einem spitzen Küchenmesser in den Stängel direkt unter der Blüte. So wird das Wachsen verhindert.

Schnittblumen & Vasenträume

Du kannst den Stängel auch mit einer Nadel durchstechen.

VON BLUMEN UND ÄPFELN

Schnittblumen verwelken schneller, wenn sie neben Äpfeln stehen. Das liegt an einem Gas, das die Früchte ausströmen. Also beides lieber mit größerem Abstand voneinander platzieren.

Es gibt aber auch Fälle, da ist dieser Effekt durchaus erwünscht – schau mal auf Seite 469.

Durchsichtige
oder grüne
Strohhalme
fallen am
wenigsten auf.

Kopf hoch!

429

Komisch, immer sind ein paar Blüten im Strauß, die ganz früh das Köpfchen hängen lassen. Ist die Blüte an sich noch frisch und hat die Blume einen dünnen Stängel, kannst du diesen vorsichtig in einen Trinkhalm hineinschieben (ggf. Strohhalm kürzen). So steht die Blume wieder wie eine Eins.

BLÜHENDE GUMMISTIEFEL

Sei erfinderisch! Viele Gegenstände lassen sich zu Vasen umfunktionieren, wie diese Gummistiefel. Stelle ein passendes, mit Wasser gefülltes Gefäß hinein und arrangiere die Blumen darin.

Schnittblumen & Vasenträume

Beim Wassergefäß im Inneren des Stiefels brauchst du nicht wählerisch sein: Würstchen-Glas, Trinkbecher, eine aufgeschnittene PET-Flasche ...

Lilien ohne Goldpuder

431

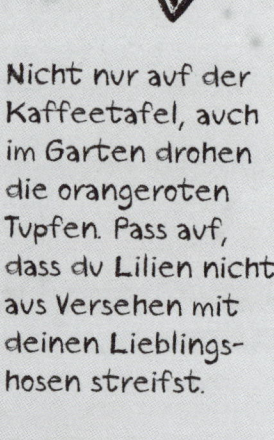

Lilien gehören zu den beliebtesten Blumen für die Vase. Damit ihr berühmt-berüchtigter Blütenstaub keine hartnäckigen Flecken auf dem Tischtuch hinterlässt, kannst du die Staubgefäße mit einer Nagelschere herausschneiden.

Nicht nur auf der Kaffeetafel, auch im Garten drohen die orangeroten Tupfen. Pass auf, dass du Lilien nicht aus Versehen mit deinen Lieblingshosen streifst.

Saubermachen ist wichtig!
Die Bakterien, die sich im Blumenwasser
gebildet hatten, warten sonst auf den
nächsten Blumenstrauß.

432 Vasen säubern 1

Schmale, kleine Vasen wirken elegant, haben beim Reinigen aber ihre
Tücken. Aber so geht's: Gib reichlich Wasser in die Vase und füge eine
Gebissreiniger-Tablette hinzu. 20 Minuten einwirken lassen und mit
klarem Wasser nachspülen.

Vasen säubern 2

433

Du kannst statt zerbröselter Eierschalen auch rohen Reis nehmen.

Schmale Blumengefäße oder Vasen mit engem Hals lassen sich innen mit Eierschalen reinigen. Diese einfach zerbröseln und zusammen mit lauwarmem Wasser und einem Spritzer Spülmittel in die Vase geben, dann gut durchschwenken. Die Reibung der Eierschalen ersetzt das Schrubben mit dem Lappen.

Ein Strauß 434 auf Reisen

Blumen überstehen einen längeren Transport, wenn du die Stielenden versiegelst. Gib ein paar Kerzenreste ohne Docht in ein altes Gefäß und schmelze sie im Wasserbad, bis das Wachs halbwegs flüssig ist. Tauche die Stängelenden kurz hinein und lasse das Wachs trocknen. Schlage noch ein feuchtes Tuch um die Stängel und packe den Strauß in Papier ein.

Am Ende der Reise schneidest du die gewachsten Stielenden ab und stellst die Blumen ins Wasser.

Wie Blumen länger frisch bleiben, kannst du auf den Seiten 455 und 456 erfahren.

435

VASEN TROCKNEN

Zum Abtrocknen mit dem Geschirrhandtuch ist die Vase zu schmal, in den Schrank räumen möchtest du sie im feuchten Zustand aber auch nicht. Was tun? Ganz klar: trocken föhnen!

436 Vasen stabilisieren

Sträuße in langen schmalen Vasen oder auch in Bodenvasen sind manchmal etwas kopflastig. Fülle eine Lage Kieselsteine ins Gefäß, bevor du Wasser und Blumen hineingibst. Das Gewicht der Steine hindert es am Umkippen.

Vorsicht bei Vasen mit schmalem Hals. Bloß nicht die Steine von oben hineinplumpsen lassen. Besser ist es, die Vase fast waagerecht zu halten und die Steine hineingleiten zu lassen.

BITTE 437 ENTBLÄTTERN!

Entferne alle Blätter im unteren Bereich der Blumenstängel. Sie sollten nicht ins Wasser gelangen, da sie dort rasch zu faulen beginnen.

Wem das dann zu wenig Grün in der Vase ist, kann größere Blätter einzeln und nur mit ihrem Blattstängel ins Wasser stecken.

BLUME, ÖFFNE DICH!

Um das Öffnen der Knospen zu beschleunigen, kannst du den Strauß in handwarmes (wohlgemerkt kein heißes) Wasser stellen.

Oder du platzierst die Vase in der Nähe von Äpfeln. Sie geben ein Gas ab, dass zum Aufblühen anregt. Aber Vorsicht, dieses Gas führt auch zum schnelleren Verwelken.

Schwimmflügel für Blüten

Leichte Blüten schwimmen von sich aus auf der Wasseroberfläche. Schwereren Blüten kannst du eine kleine Schwimmhilfe aus Luftpolsterfolie basteln. Einfach in ein kleines Stück Folie ein Loch schneiden und den Blütenstiel durchstecken.

Schwimmblüten sind eine gute Möglichkeit, um abgebrochene Blüten noch als Dekoration zu nutzen.

Schnittblumen & Vasenträume

Falls du kein Malerkrepp hast, nimm normalen Klebefilm.

BLUMEN IN WEITEN GEFÄSSEN

440

Es muss nicht immer die klassische Vase sein. Blumen in weit offenen Gefäßen wirken opulenter und besonderer als der Strauß in der Vase. Um die Blüten auch in Schale und Co. zu arrangieren, kannst du Malerkrepp über Kreuz über die Öffnung kleben.

441 Party-Sträußchen

Schnittblumen & Vasenträume

Deine Devise beim Dekorieren lautet bunt, bunt, bunt? Dann sind diese süßen Vasen genau das Richtige. Stecke kleine Einweg-Schnapsgläser aus Plastik in Partyhütchen und befülle die Gläschen vorsichtig mit Wasser. Blumen hineinstellen und die Hütchen aufhängen.

Das Einfüllen des Wassers gelingt mithilfe eines Trichters oder einer Gießkanne mit langer Tülle.

Schlicht-rustikale Vasen

Du hast nur ein paar einzelne Blütchen und möchtest eine rustikale Deko damit machen? Nimm die kleinsten Tontöpfe, die du finden kannst, und stelle sie über Kopf auf einen Untersetzer. Darunter kommt ein mit Wasser gefülltes Plastik-Schnapsglas.

Die Blüten durch das Loch im Topfboden in das Schnapsglas stellen – fertig ist die große Show für kleine Blüten!

443 Schnelle Mini-Vasen

Besonders schön sieht es aus, wenn du mehrere Schnur-knävel-Vasen zusammen platzierst.

Für diese Last-Minute-Dekoration musst du einmal in den Partykeller, einmal in den Gartenschuppen: Stecke Einweg-Schnapsgläschen aus Plastik in das Loch von Schnurknäuel. Fülle Wasser ein und stelle Blüten hinein.

444
KÜHLES PLÄTZCHEN

Blumensträuße halten sich im Kühlen länger als in mollig warmer Umgebung. Am Tage möchte man sich meist im Wohnzimmer oder in der Küche am Strauß erfreuen, nachts jedoch solltest du ihn in einen kühlen Raum stellen.

Die kühlsten Räume im Haus sind meist der Flur, das Schlafzimmer und, falls vorhanden, das Gästezimmer. Im Sommer kann der Strauß auf Terrasse oder Balkon übernachten.

Die Autoren

Benjamin Behnke, lebt in Dortmund und ist als IT-Berater in ganz Deutschland unterwegs. Er hat das Kochen von seiner Großmutter gelernt und hat schon zu Studentenzeiten für Freunde gekocht. Ihn interessieren besonders einfache, aber kreative Rezepte, ungewöhnliche Lebensmittel-Kombinationen und ausgefallene Zubereitungsmethoden. Zudem ist er nach eigener Aussage auch ein sehr guter Esser und hat schon mal Spaghetti Bolognese mit Katzenfutter gekocht.

Kai Daniel Du, lebt in Adendorf bei Lüneburg und arbeitet als wissenschaftlicher Mitarbeiter. Er kocht seit über dreißig Jahren. Das erste Gericht – Rührei – hat er mit etwa vier Jahren gekocht und dachte schon damals: „Wenn ich mir selbst etwas zu essen machen kann, wann immer ich will, gehört mir die Welt." Heute interessiert Kai sich für Speisen und Rezepte von nah und fern. In seiner Freizeit produziert er den Hobbykoch-Podcast (www.hobbykoch-podcast.de), in dem er Rezepte ausprobiert und erfindet. Seine siebenjährige Tochter kocht begeistert mit.

Antje Krause, lebt in Stuttgart, zieht aber gerade in die Nähe von Berlin um. Sie hat vor ewigen Zeiten Landschaftsplanung studiert. Wenn ihre damaligen Professoren wüssten, dass sie sich nicht mehr der Planung, sondern mehr der Spontanität im Garten verschrieben hat ...

Antje ist derzeit als Garten- und Kreativbuchlektorin und Autorin tätig. Und sie hat das Lifehack-Fieber gepackt! Bei jedem Gegenstand, den sie in die Hand nimmt, überlegt sie mittlerweile, wie man ihn zweckentfremden und im Garten nutzen kann.

REGISTER

479

Register